JN271014

夢をのせて泳げ！こいのぼり

ミニ額ぶち

▲うろこに使うのは折り紙。それぞれが好きな色を選び、そこに、子どもたちの今年の目標や願い、夢を書いている。

▶段ボールで作ったミニ額ぶち。参観日に保護者といっしょに作り、記念の写真を入れて完成！

▲みんなで作った貼り絵の神龍。
（のぼり龍。製作はタテ型）

ドラゴンボールを集めよう！

▲みんなでがんばる「めあて」を決め、達成したらドラゴンボールが1個たまる。7つたまったらお祝い会！

牛乳パックでボート

▲牛乳パックで作ったボート。こんなにたくさん乗っても沈まないのにびっくり！

あっと驚くクリスマスツリー

▲牛乳パックでこんなにきれいなツリー。

▲1.5リットルボトルで作ったツリー。

デコレーションケーキ大会

▲グループごとにケーキのデコレーションを競う。これは4年生の作品。

全校ミュージカル

▲フィナーレは1〜6年の全員合唱「友だちだから」。割れるような拍手で会場が揺れる。

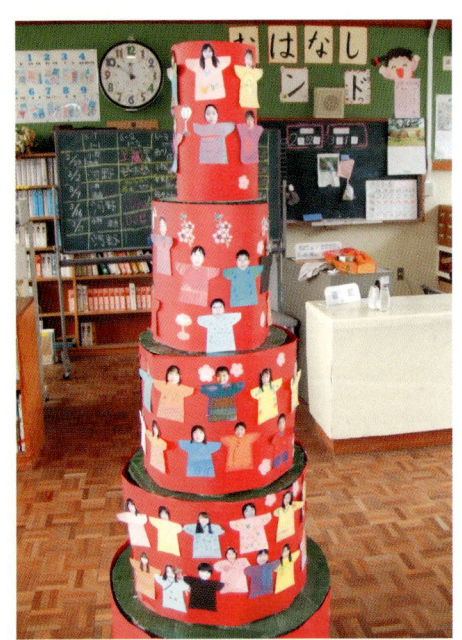

ペットボトルのひな飾り

▲クリスマスで使ったツリーを利用してひな飾り。子どもたちの顔写真を使う。

▲ペットボトルのツリーは季節ごとに飾りを変えて使える。7月はひまわり。

魔法の学級イベント

これで成功！

猪野善弘／永廣正治／奈良重喜／牧野 幸／溝部清彦／米沢久美子

　　私たちがこの本で書いたイベントは、一味違う"魔法のイベント"です。
"魔法"を生み出すひとつは、プラン（原案）を子どもと一緒につくることです。
　　　わかりやすく載せました。そのまま使ってください。
　　　　"魔法"のふたつ目は「ものをつくる」ことです。
　　　作り方や出来上がったものを写真や図で載せています。
　　　　この活動のプロセスが集団を変えるのです。
　　まだまだありますが、これから先は読んでのお楽しみ！
　　　　　　クラスをもっと楽しくしたいあなた。
　　子どもと子どもをつなぎ、ひとりぼっちをなくしたいあなた。
　　　　　クラスのまとまりを求めているあなた。
　　　　　　　学級イベントはビタミンです。
魔法のイベント24、あなたも子どもたちにこの"魔法"をかけてみてください。

高文研

※──もくじ

I 子どもニコニコ一学期

1. 私はだれでしょう　クイズ大会　6
2. 世界にきみだけの花　フラワーアレンジメント　9
3. 夢をのせて泳げ！　こいのぼり　12
4. 連休ボケを吹っ飛ばせ！　クラスゲーム大会　15
5. お誕生会でだれもが主役　21
6. ドラゴンボールを集めよう　24
7. 昼休みに小さなコンサート　29
8. 水泳の季節、こんな大会を！　32
9. クラスアドベンチャー　牛乳パックのボートで遊ぼう　36

II 子どもが育つワイワイ二学期

10. 学級の歌をつくろう　42
11. 秋の空に飛ばそうプラトンボ　46
12. ビックリ！　朝6時、三角公園で走ろう！　50

13 読書の秋は「読書紹介アピール集会」 53
14 芸術の秋、「ミニ額」づくりで教室をギャラリーに 56
15 夜の学校でお月見会を楽しもう 60
16 よだれが出るデコレーションケーキ大会 64
17 感動の2分の1成人式 68
18 あっと驚く大きなツリーを作ろう！ 72

III 涙と笑いの三学期

19 みんなでひな飾りになろう 78
20 一文字で一年のまとめ 81
21 創作劇で綴る学級じまい 84
22 6年生とのお別れ会 きみこそヒーローだ 88
23 6年生、涙の親子交歓会 91
24 全校ミュージカル「友だちだから」 95

本文イラスト＝広中　建次
装丁・商業デザインセンター＝松田　礼一

性
I
子どもニコニコ
一学期

I 子どもニコニコ一学期

1 私はだれでしょうクイズ大会

> あたらしい学期です。子どもたちは緊張しています。私たちだって緊張しています。おかげで静かなのはうれしいのですが、よそよそしいのです。もっとお互いを知り、盛り上げたいのです。そこで、かんたんなクイズ大会を子どもたちに提案しました。

こんなイベントです

私「今日は、これからクイズ大会をやろうよ」

子ども「ええーっ……」

まだなれていないので、大きな声で喜ぶわけではありません。けれど、にこっとしている子どもたちはたくさんいます。

私「この紙に、あなただとわかるように4つのヒントを書いてください。でもはじめからわかるようなことを書かないでね。カードが進むにつれて、ああ、わかった！ってなるくらいがいいよ」

そう言ってカードを渡します。

手順は次の通りです。

①まずカードを配ります。カードといっても、ただのB4の紙をざっくざっくと切っただけです。これが1人4枚です。
②1枚目には、男か女かを書いてもらいます。
③2枚目には、好きな食べ物を書いてもらいます。
④3枚目は「私は○○が得意です」と、得意なことを書いてもらいます。
⑤そして最後のヒントは、自由に書いてもらいます。

① 1人4枚ずつカードを配ります

② 1枚目には男か女かを書きます

③ 2枚目には好きな食べ物を書きます

④ 3枚目には自分の得意なことを書きます

⑤ 4枚目、最後のヒントは自由に書きます

「最後のヒント…」
「わかった安部くんやろ！」

取り組んでみよう

　さて、子どもたちがカードに書きました。ここからです。教師が、子どもたちの前でランダムに読み上げます。
　先生「ぼくは男です」
　子ども「おとこか……」
　見わたします。
　先生「好きな食べ物はプリンです」
　子ども1「プリンだって」
　子ども2「プリンかよ」
　騒ぎます。本人はちょっと小さくなりました。

先生「ぼくは、落し物が得意です」
子ども「それって、得意って言うかー」
ざわつきます。
先生「最後のヒント。ぼくは、トリニータの熱狂的なサポーターです」
とたんに、「わかった！　安部くんやろ」
クイズをしながら、子どもたちの特徴がお互いにわかるのです。それがこのイベントのいいところです。目的は、誰なのか探し合い、関心を持つこと。探されている子どもは、「こんどはぼくの番や……」と、期待に心をはずませています。

演出の工夫

これはＰＴＡの懇談会でも使えます。懇談会では、誰なのか名前を当てるのではなく、親にわが子の目標や夢をあててもらうことにしました。
先生「これは山田くんのです」
まず名前を言います。そして、
先生「一番の友だちは、石川くんです」
母「ああ、そう言ってたわ」
先生「好きな教科は算数です」
母「できもしないのに……」
照れています。
先生「では、今年がんばることはなんて書いているでしょう？」
母「ええ……今年がんばること？　漢字かしら」
先生「ブブー！　早寝早起きだそうです」
母「これ以上、早く寝ないでほしいわ」
みんなが笑います。どんな子どもがいるかを知ることを通して、お母さん同士が仲良くなるクイズのイベント。どうですか？　あなたのアイデアを加えてやってみませんか。

（溝部　清彦）

I 子どもニコニコ一学期

2 世界にきみだけの花 フラワーアレンジメント

> 野の花が咲き乱れ、子どもたちの進級を祝っている4月。新しく出会った子どもたちに、「世界にたった一つ、きみだけの花を見つけよう」と話し、シャベルを持って野原へ出かけました。ペットボトルに自分だけの花を生け、生け花(フラワーアレンジメント)コンクールです。

作り方は、こうです

①校庭の隅っこに咲いている小さなお花。近くのあぜ道や野原に咲いているお花でもかまいません。お花をシャベルで土と一緒に根っこごと掘り上げ、レジ袋に入れて持ち帰ります。

②持ち帰ったお花は土をよく落とし、バケツの水で根っこ部分をよく洗います。用意してあるペットボトルに根っこごと入れてできあがり。自分なりに草やお花をアレンジします。

③ペットボトルにはいろんな形のものがありますが、四角いものがベスト。カッターで少し切れ込みを入れ、あとはハサミでジョキジョキ四角に切ります。ペットボトルは薄いので切れ込みさえあれば、低学年にも簡単に切れます。ただし、カッターを使いますから、教師があらかじめ切れ込みを入れておいてあげます。

切った口の方を逆さまにして下半分に押し込むと、根っこが奥まで沈まないですみますし、水替えの時も、逆さまに押し込んだ部分だけを取り出せば簡単に水替えができます(次頁写真下参照)。

ペットボトルには草花を根っこごと入れますから、かなりの日数持ちます。横置きのペットボトルは水替えの時はふたを外してジャーと出すだけ。再びふたをして上から水を入れます。おまけに、透明な容器ですから根っこがよく見えて趣があります。切り花と違うので子どもたちには、「生き物を大切

▶摘んできた野の花でアレンジメント。ペットボトルを横に使った場合。

にしよう」と胸を張って言えます。理科の観察にもぴったりです。

小さなエピソード

　学級開きの日――。
「世界にはきみという人間はたった1人しかいない。だからきみたちは、1人ひとりとっても大切な人です。先生もみんなのこと大切にするから、みんなも、友だちや自分のことを大切にしてほしいと思います」
　こんな話から始めました。
「では今から、世界にたった一つのきみだけのお花を見つけに行きます」
「えーっ、どこに行くの？」
「近くの野原に行くんだよ」
と言って、子どもたちに用意しておいたレジ袋とシャベルを渡します。
　野原に着くと、

▲縦に生けると、また雰囲気が違う。

「さあ、今から自分だけのお花を掘ってください。摘んではダメですよ。根っこから土ごと掘るんですよ」

子どもたちは、小さくてカワイイお花をいっぱい見つけます。

「こんな小さな花だけど、とってもカワイイし、きれいだよね。それに、根っこがいっぱい。目に見えないところでがっちりお花を支えているんだね。それに、栄養もここからとるんだ。大切なところって、本当は目に見えないところにあるかもしれないね」

なんてお話をするのもいいかも。

学校に持って帰って、土を払い、根っこをよく洗って絵の具の水入れの中にとりあえず置いておきます。

今度は花瓶づくり。すぐにできるので、掘ってきたお花を花瓶の中に。たくさん摘んできているので、その中から自分の好みにあったものでアレンジしていきます。全員分ができあがったらコンクールです。

世界に一つだけの賞状

「どんなコンクールにしようか？」

「みんなのとってもすてき。どれがいいか決められない」

「すごーい。どれもかわいい！」

「すてきだよね」

「そうだよね。どれがいいか決められないよね。だってどれも世界に一つだけだもん」

「じゃあ、みんなの数だけ賞を決めて、みんなに賞をあげようよ」

「どんな賞がいいかな？ 34個も賞を考えなきゃいけないね。その人その人に合った賞を考えなきゃいけないから、実行委員会をつくって考えてもらうってのはどうかな？」

実行委員会は、すべての友だちの良さを見つけ出しながら、その子に合った世界に一つだけの賞状をつくってくれました。

（奈良　重喜）

I 子どもニコニコ一学期

❸ 夢をのせて泳げ！こいのぼり

> 4月は何かイベントをと思っていても、年度はじめで事務や行事も多く、なかなか時間が割けないのが現実です。そんな中で簡単に取り組めるものとして、この季節ならではの「こいのぼり」を作ることにしました。ただこいのぼりを作るだけでなく、出会った子どもたちの夢や願いをうろこに書いて泳がせるのです。七夕のこいのぼりバージョンです。

取り組んでみよう

「みんな、今年はこんなことにがんばってみたいとか、私の夢はこんなことよってことがたくさんあると思う。それをお互いに知らせ合えたらいいなって思います。そこで、この季節といえばこいのぼり。みんなでこいのぼりを作ってみませんか」

「えっ、こいのぼり？」

子どもたちの目はきっと輝くはずです。

「そうです。うろこにみんなの願いや夢を書いて空を泳がせる。どう、すてきやろ？」

「えーっ、空を泳ぐん？」

「そうだよ。こいのぼりって空を泳ぐやん。だからさあ、みんなで作るこいのぼりも、やっぱり空を泳がななあ。どう、やってみらんかえ」

こんな呼びかけをして取り組みを始めます。

【1】こいのぼり本体を作ろう

こいのぼり本体の材料はビニールのゴミ袋。普通サイズのものでOKです。教材カタログを見れば、実にさまざまな色があります。どの色にするかを班長会で相談するのも楽しいものです。

◀風を受けて泳ぐこいのぼり。全校のみんなが見えるところに泳がせよう！

袋の底を切ってセロテープでつないでいきます。そのままの大きさをつないでクラスで一つの大きなこいのぼりを作るのもいいでしょう。さらに半分の大きさに切って、班で１匹ずつ作るのも班のはじめての活動として楽しいはずです。つなぎ合わせた最後は、しっぽの形になるように三角形に切り取ります。これで、こいのぼり本体のできあがりです。

【２】うろこに願いを

次はうろこ作りです。うろこの材料は折り紙がおすすめです。たくさんの色があって、自分の好きな色を選ぶことができます。１枚の折り紙で２枚のうろこが作れます。２枚のうろこをそのままこいのぼり本体に貼ってもいいけれど、ちょっともったいない。みんなの思いをこいのぼりに乗せることが大切です。その一つに自分の今年の目標や願い、そして夢を書きます。もちろん自分の名前も。もう１枚には、書ききれなかった願いを書いてもいいし、好きな絵を描いてもいいと思います。ただうろこを貼るよりも、きっとにぎやかで、すてきなこいのぼりが完成するはずです。

【３】いざ仕上げ

口は厚紙を二重に貼り合わせた輪を作って、口の部分にテープでとめます。最後は、目玉を画用紙に描いて貼ったら、世界に一つのこいのぼりの完成で

す。完成したこいのぼりはすぐ泳がせるのではなくて、一度クラスに掲示して互いの願いや夢をぜひ読み合いましょう。班で取り組んだ場合は、班のこいのぼりの自慢大会をするのも楽しいです。

【4】夢をのせて泳げ

みんなが読み終わったら、いよいよ空を泳がせます。泳がせる場所はどこでもいいです。条件は2つ。

(ア) こいのぼりが風を受けて泳ぎやすいところ。
(イ) 全校のみんなの目にとまりやすいところ。

▲うろこにはみんなの夢や願いが書かれている。

私は、日頃はあいている掲揚台に泳がせています。でも、学校によって2つの条件が揃う場所であればどこでもいいと思います。掲揚台のいいところはみんなでロープを持って一緒に揚げられるところです。空を泳ぐこいのぼりを子どもたちはきっと自慢そうに見上げることでしょう。

私の学校では、新学期が始まって、次の週にはPTAがあります。このこいのぼりは本体さえ少し準備しておけば、あとは簡単に完成するので、できればPTAに間に合うように作ると、保護者にも見せることができます。

5月の連休明けにみんなで降ろして、このイベントは終了です。

小さなエピソード

クラスで完成させて掲揚台に揚げた帰りのことでした。こいのぼりを見た低学年の子どもがうらやましさもあって、つい「ヘンなこいのぼり！」と言ってしまいました。それを聞いたクラスの子どもたちが、「オレたちが作ったこいのぼりぞ。かっこいいやろー」と言い返していました。こんなふうに自慢する姿にジーンときてしまいました。

(猪野　善弘)

Ⅰ　子どもニコニコ一学期

4　連休ボケを吹っ飛ばせ！クラスゲーム大会

　五月の連休が終わりました。子どもたちは少しずつ自分を出し始めます。こんな時、もめごとが起きます。それを少しでも減らしたい。そんな時、役に立つのがゲーム大会。肌が触れる、大きな声を出す、子どもたちはあることにみんなで集中していくと、荒れたり崩れたりしません。やっと新しい学級に慣れたこの頃、集団づくりを一歩進めるために、リーダーを見つけ育てるために集団ゲーム大会に取り組んでみましょう。

取り組んでみよう

　最初からは様子を見てなかなかのってこないもの。先生のハイトーンで盛り上げます。はじめは少人数。1対1の交わりを生かした簡単な遊びから始めます。それをいくつかやった後、だんだんと人数を増やしていき、集団の知恵を生かして楽しむ遊びに変わっていきます。子どもたちには「次は何人組かな」という期待を抱かせながら取り組んでいきます。人数が増えていくなかで「集団に指示が出せる子」「みんなの意見を引き出す子」「みんなの利益を守ろうとする子」などを観察し、その後の集団づくりに生かしていきます。このゲームは以前、サークルの例会で学んだもので、45分の中で少人数の組から大人数の組に発展させていく遊びです。

【1】猛獣狩りに行くぞ（出会いが待っているゲーム）＝図1

先生が叫んだ後、子どもたちが同じように繰り返す。

先生「猛獣狩りに行くぞ」　　　　子ども「猛獣狩りに行くぞ」
先生「猛獣なんて怖くない」　　　子ども「猛獣なんて怖くない」
先生「槍だってもってるもん」　　子ども「槍だってもってるもん」
先生「鉄砲だってもってるもん」　子ども「鉄砲だってもってるもん」

（図1）

そこで先生が猛獣の名前を言う。

先生「とら」「ライオン」

子どもは2頭の猛獣の名前が出されたので2人組をつくり、座る。ペアになれなかった子どもはほめるように配慮しながら、みんなの前で好きな教科、テレビ番組などを質問し、答えたら拍手！　その子が次のゲームのリーダーとなって猛獣の名前を言わせても楽しいです。

【2】2人組でじゃんけん開脚（スリルとサスペンス）＝図2

じゃんけんをして、負けたらほんの少し足を開きます。

だんだんと開いていって、立っていられなくなったら負けです。

少ししか開かない子も出てきますが、あまり追求しないようにします。楽しい雰囲気でさせていきます。

【3】2人組でじゃんけん半径一周＝図3

じゃんけんをして負けたら、一歩下がり（勝った相手はそのままの位置）相手と自分の距離を半径として一周します。

再びじゃんけんをし、負けたら負けた方が一歩下がり、相手を中心として、相手と自分の距離を半径として、一周します。だんだん大きな円を1周するようになります。はじめは小さく回っていますが、だんだんと回り方が大きくなっていき、体育館やホール、運動場いっぱいに活動し始め、大騒ぎになっていくのがおもしろいです。

　ここまで終わってホッとしたスキをつくっては、トーンダウンしてしまいます。すかさず「猛獣狩りに行くぞ」を始めて、新たな組を作らせます。

　先生「猛獣狩りに行くぞ」　　　子ども「猛獣狩りに行くぞ」
　先生「猛獣なんて怖くない」　　子ども「猛獣なんて怖くない」
　先生「槍だってもってるもん」　子ども「槍だってもってるもん」
　先生「鉄砲だってもってるもん」　子ども「鉄砲だってもってるもん」
　そこで、先生が猛獣の名前を言う。
　「くま」「マントヒヒ」「ゴリラ」
今度は3人組を作ります。(図4)

【4】集団じゃんけん（話し合う場面をつくる）＝図5

　3人組ができたところで集団じゃんけん、出すものを一つ決めます。
　先生の合図「最初はグー、じゃんけんぽん！」で、3人がそろって声を出して同じものを出します。じゃんけんの結果のほかに「この班は声がそろっているね」「声が大きいね」「一番元気な班ですね。今後このクラスを盛り上げていってくれる班ですね」などと評価を入れていくと、さらに子どもたちは燃えます。普通のじゃんけんでなく、「口じゃんけん」「足じゃんけん」「集団ポーズじゃんけん」にしてもおもしろいですね。
　しかしここで終わっては、せっかくの盛り上がりがしぼんでしまいます。3回目の「猛獣狩りに行くぞ」で、また新たな組を作らせます。

　先生「猛獣狩りに行くぞ」　　　子ども「猛獣狩りに行くぞ」
　先生「猛獣なんて怖くない」　　子ども「猛獣なんて怖くない」
　先生「槍だってもってるもん」　子ども「槍だってもってるもん」
　先生「鉄砲だってもってるもん」　子ども「鉄砲だってもってるもん」
　そこで先生が猛獣の名前を言う。

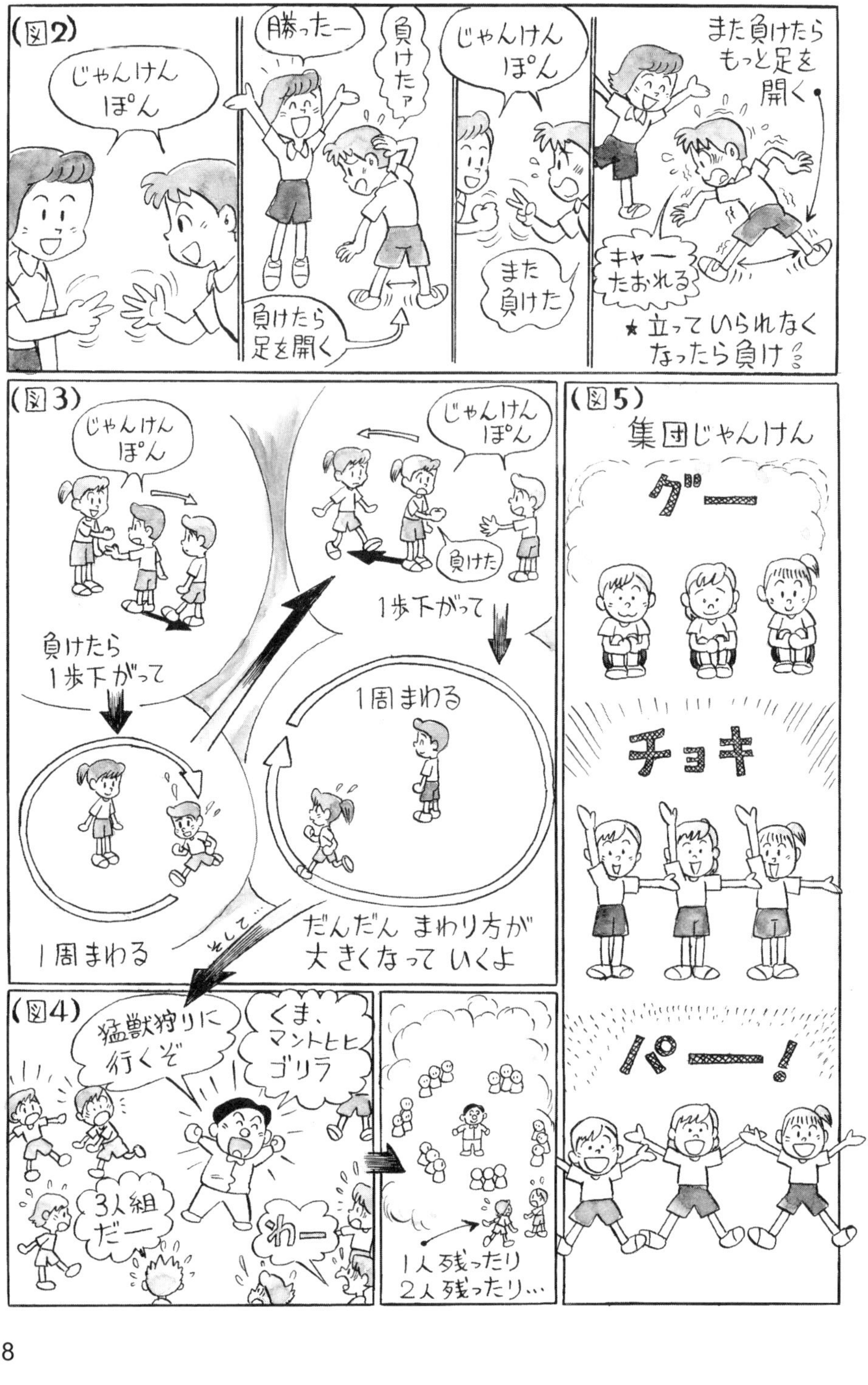
(図2)
じゃんけん ぽん
勝ったー
負けたァ
負けたら足を開く
じゃんけん ぽん
また負けた
また負けたら もっと足を 開く
キャー たおれる
★立っていられなく なったら負け
(図3)
じゃんけん ぽん
負けたら 1歩下がって
1周まわる
じゃんけん ぽん
負けた
1歩下がって
1周まわる
そして…
だんだん まわり方が 大きくなって いくよ
(図4)
猛獣狩りに 行くぞ
くま、マントヒヒ ゴリラ
3人組 だー
わー
1人残ったり 2人残ったり…
(図5)
集団じゃんけん
グー
チョキ
パー！

「イノシシ」「コブラ」「ライオン」「トリケラトプス」

今度は4人組を作ります。

【5】集団しりとり

こうしてできた4人組でしりとりに取り組ませます。多くの人数が集まったことで「みんなに提案できる子」「みんなに指示が出せる子」を探すチャンスでもあります。また、集団で相談し合っている組を評価していく場でもあります。

リーダーが「しりとりの『り』」とコールし、3秒ほど考えさせる。

リーダーの指示「1、2の3はい」で、1班がそろって「リンゴ」

リーダーが「リンゴの『ゴ』」と指示し、3秒ほど考えさせる。

リーダーの指示「1、2の3はい」で、2班がそろって「ゴリラ」

リーダーが「ゴリラの『ら』」と指示し、3秒ほど考えさせる。

リーダーの指示「1、2の3はい」で、「ラッコ」と続く。

班のみんなでそろって声が出せなかったり、違った言葉を言ったり、今までに出された言葉を繰り返したりしたらアウト。だんだん時間を短くしていくと盛り上がります。

これで終わりではありません。さらに「猛獣狩りに行くぞ」を始めて、今度は5人の組を作らせます。さらに6、7人と人数を増やし、より高い集団思考の場としてみんなで考え合ったり、工夫したりする場にしていきます。

【6】もの知り博士ゲーム

6人から7人の組ができたところで用紙を配り、先生の課題に合う答えを班のみんなが協力して用紙に書き込みます。しかしほかの班が書いていないようなことを書かないといけません。いくつかできた班の中で、1つの班だけが書いていたら10点。2つの班が書いていたら5点。3つ以上の班が書いていたら0点とします。ここまで説明して、「今日は5問出します。用紙に①〜⑤までの設問を書きましょう」と指示します。

①○○小学校の先生の名前　②サザエさんに出てくる人

③九州にある県　　　　　　④自動車のメーカー

[みんなの解答を書くよ] [2つの班が書いたら5点] [3つの班だったら0点] [その班だけだったら10点だ]

	1班	2班	3班	4班	5班
1	田中先生 5	田中先生 5	みぞべ先生 10	マキノ先生 10	よねゴン先生 10
2	はなざわさん 5	中島くん 10	はなざわさん 5	なみへい 10	カツオ 10
3	ふくおか 10	大分 0	大分 0	大分 0	くまもと 10
4	ミツビシ 10	トヨタ 10	マツダ 10	ニッサン 10	ダイハツ 10
5	ワンピース 10	サザエさん 10	ドラえもん 5	ドラえもん 5	コナン 10
合計	40点	35点	30点	35点	50点

[ゆうしょうは5班です 拍手ー!!] [パチパチパチパチパチパチパチ]

⑤現在、放送されているアニメ番組のタイトル

などと板書して、班ごとの用紙に書かせます。「ほかの班に聞こえないようにしないとね」「ほかの班が書きそうじゃないことを書かないとね」などと指示します。これまでは声の大きい子や、指示を出せる子、いわゆる活発な子が目立っていましたが、こういう問題を出すと、ある分野に詳しい子が活躍できることになり、子どもたちの意外な面を発見することもあります。書き終わったら提出させて、答え合わせ。班ごとの点数を出してまとめます。

小さなエピソード

みんなでゲームを楽しんだ後の休み時間は、なぜか今までと違った友達と遊び出すなど、交わりの世界が広がります。出会いの時期の集団遊びは点数を競わせたり、順位を決めるのが目的ではなく、お互いのことを知ったり、交わりを広げるためのものなので、和やかな雰囲気で取り組ませたいものです。ルールがわからなかったりした時は「今のは練習でした!」などと盛り上げるといいでしょう。これをきっかけに交わりがたくさん生まれて、その後の集団づくりがうまくいったという話も聞きます。この取り組みの中で、今後の集団づくりのきっかけをたくさん発見していけるでしょう。

(牧野　幸)

Ⅰ 子どもニコニコ一学期

5 お誕生会でだれもが主役

何年生であっても誕生日はうれしいものです。クラスの全員が祝ってくれるのもうれしいですね。私は、1年間のイベントの中でもお誕生会には特に力を入れています。だって、定期的にするのですから。

こんなイベントです

ついこの間「みんな、ぼくのことが嫌いなんだ！」と言って、自分の頭をぽかぽかとたたく子どもに出会いました。自分のことを嫌いだと思っているのです。自分で自分のことが受け入れられない、そんな子どもが増えています。自分のことを大切に思えないで、友達のことを大切にする子どもが育つはずがありません。

お誕生会では、クラスのみんなで温かく祝福し、1人ひとりが大切な存在なんだ、ありのままの自分でいいんだよ、ということを実感してもらいたいものです。そのために、係りの子どもたちが作ったお祝いのカードがお誕生会の主役になる子ども1人ひとりの手に渡るようにします。

》プログラム《

(1)はじめの言葉
(2)みんなの歌
(3)くす玉割り
　（または、たれまく引き）
(4)ゲーム
(5)カード渡し
(6)先生のお話
(7)終わりの言葉

※たれ幕は簡単で子どもたちは大好きです。誕生日を迎える子が多い月は2本、3本と作ってもいいでしょう。

取り組んでみよう

私が行うお誕生会は、上記のようなプログラムです。このプログラムは、子どもたちの中から代表を集めてつくります。今回は4年生を受け持ってい

4・5月のお誕生会をしよう

5月8日　　提案：先生

〈1〉学級の様子

　4年生になってクラス替えがあり、新しい友達もできました。でも、まだまだ互いによく知らない人もいるようです。そこで、このお誕生会の準備を進める中で、互いのよさを発見し合いましょう。そして、クラスのみんなで、4・5月生まれの人のお誕生日をお祝いしましょう。

〈2〉めあて
- お誕生会の準備をする中で、互いのよさを発見しよう。
- 班の人と力を合わせて準備をしよう。
- 学級のみんなでお誕生会を成功させ、4・5月生まれの人をお祝いしよう。

〈3〉日時──5月16日（金）5時間目
　　　準備──5月9日5時間目と毎日の昼休み

〈4〉プログラム（省略）

〈5〉係り分担
　　司会係…（　　）班
　　飾り係…（　　）班・（　　）班
　　歌　係……（　　）班

る時のことです。

「ねえねえ、どんなプログラムがいいかいな？」

「おもしろいのがいい」

そこでできたのが前頁のプログラムです。

お誕生会が始まりました。司会の子どもが顔を赤くしながら行い、ときどき笑いを誘います。この取り組みの最大の山場がやってきました。カード渡しです。

「ハイ、米沢さん……」

バックには、コブクロの曲がかかっています。にぎやかだった教室がこのときはシーンとなりました。
　係りの子が手分けして作ったカードを、主役となるお誕生日の子に手渡す際は、おのずと学級全体がおごそかな雰囲気になります。そのあと、特別に厳粛な感じを出しながら、教師自身の手でカードを渡します。カードには、「ありのままのあなたが大好きだよ」というメッセージを書き込んでおきます。カードは市販のものに書き込んでもいいし、パソコンソフトでかわいいカードを作成してもいいです。大切なことは、「あなたのことを大切に思っているよ」という気持ちを伝えることです。

小さなエピソード

　お誕生会でカードをもらった子は、先生のことが大好きになってくれるようです。まだもらったことのない子も、これからこのようなカードをもらうということを考えると、ワクワク感が高まるようです。そして、必ず「先生の誕生日はいつなの？」と尋ねてきます。
　私の誕生日は10月です。その日が近づくと、4年生の子どもたちがなにやらこそこそ動いているようでした。サプライズで先生のお誕生日をお祝いしようというのです。子どもたちから秘密を打ち明けられた隣のクラスの先生がそっと教えてくれました。
　その日の朝、私が教室に近づくと、偵察隊がささっと動いて、みんなに知らせています。教室に入ると、きちんと着席した子どもたちから拍手が！そして、お誕生日の歌を歌ってくれて花束を渡されました。子どもたちが一輪ずつ持ってきたのを束ねたものです。涙が出ました。その姿を見て、子どもたちはニッコニコです。
　中心になっていたのは、1学期に万引きで指導を受けた3人組です。寂しさを抱えて万引きをしていたあの事件で、彼らを理解しようと考えてした話が、彼にはちゃんと届いていたんだと思うと、私のうれしさも2倍にも3倍にもなったのでした。

（米沢　久美子）

Ⅰ 子どもニコニコ一学期

6 ドラゴンボールを集めよう

> 　子どもたちと一緒に、学級のめあてをつくって取り組み、楽しいイベントをつくり上げていく時、個人や学級の成長や成果を目に見える形で残していきましょう。この「学級の宝集め」は、学級の子どもたち全員が必ず大喜びで賛成してくれます。この提案をして、反対した子どもは今まで１人もいません。学級の宝が増えていくことで、子どもたちの学級に対する誇りも高まっていきます。荒れ気味の学級もこの取り組みでたちまち前進的なムードあふれる学級に変身します。超人気アニメ「ドラゴンボール」はもう終わりましたが、まだまだ根強い人気があります。そこで、その中身をちょっと拝借しました。

【1】提案

「みんな、ドラゴンボール知ってるよね。ドラゴンボールが７つまったら、神龍（シェンロン）が出てきて、願い事をかなえてくれるよね」
「知ってる。知ってる」
「３年１組のドラゴンボールを集めてみようか」
「３年１組のドラゴンボールって何？」
「じゃあ、今から先生が原案というのを読むから、聞いててね」
「宝が７つまったら、お祝い会って、どんなことするの？」
「それは、みんなで考えて決めるのです」
「お祝い会にジュースやお菓子もありなんですか？」
「だから、みんなで決めるって言ってるでしょう」
「時間はどれくらい使えるんですか？」
「だ・か・ら、みんなで決めるって言ってるんでしょう」
「やった〜〜！」

「ドラゴンボールを集めよう」原案

提案者　先生

〈1〉三年一組の様子

三年一組がスタートして二週間がすぎました。みんな友達もできて、元気よくあそんでいます。でも、すぐけんかをする人がいたり、きゅうしょくのエプロンをきてならぶのに15分もかかったり、そうじをあまりしない人がいたり、先生の話がきけなかったり、などいろいろもんだいもあります。

そこで、みんなでがんばる「めあて」を決めて、それができたら、ドラゴンボールを一こずつ三年一組の宝にしていきます。ドラゴンボールが七つたまったら、神龍（シェンロン）を呼んでねがい事をかなえてもらいます。

〈2〉なかみ

＊みんなで貼り絵で神龍をつくって、教室の前にはります。それにドラゴンボールをはっていきます。

＊七つたまったら、お祝い会を開きます。

【2】めあての決め方

　最初は先生が提案して決めてもいいでしょう。生活の中でもっときちんとやってもらいたいことから始めるのが取り組みやすいと思います。

- ■給食の準備を○分でやりとげよう。
- ■先生が手をパンパンとたたいたら3秒で静かになろう。
- ■忘れ物を班で○つ以下にしよう。

などです。これをシビアに追求するのではなく、最初はゲーム感覚で取り組みます。小さな成功のたびに「マイルカード」にマイルをためる。何マイルたまったら宝にするとか、イエローカードを各自に何枚か持たせ、失敗したらカードを先生に取られる。誰か1人でもイエローカードを残せば成功！

みたいに楽しく取り組みます。

　最初は、子どもたちのやる気を引き出し、前進的なトーンをつくり出すのが目的なのです。宝は、メタリックな色紙を丸く切ってシェンロンに貼ります。並行して、宝の中身を書いたたんざく色紙も貼っていきます（次頁写真）。

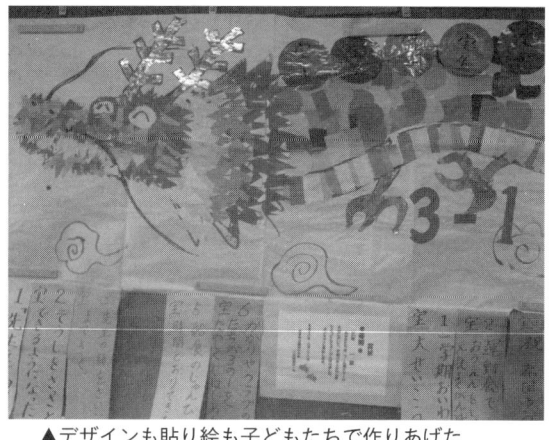

【3】バージョンアップ

- 運動会のダンスでたくさんの拍手をもらえるように、きちんと覚えよう。
- 学級対抗長縄大会までに、最高記録を○回にしよう。
- 学級の歌声をもっときれいにしよう。

など、みんなで心と力を寄せ合うものにしていきます。提案も、いつまでも先生がするのではなく、私はこのころから「宝」実行委員会を募っていきます。成員は、学級代表＋班長＋有志でだいたい10名くらいです。

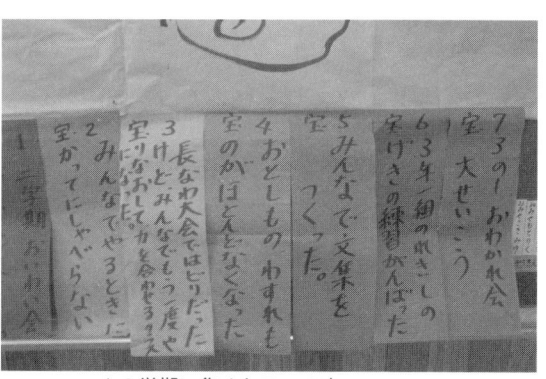

「宝」実行委員会は、先生と一緒に実行委員会を定例で開き、めあてを決めて提案したり、取り組みを総括して「宝」にするかどうかを学級に提案していきます。私の学級では、これが事実上のリーダー機関になります。

▲デザインも貼り絵も子どもたちで作りあげた。

▲3学期に集めた7つの宝。

【4】お祝い会

私の場合は、学期ごとに7つたまるように実行委員会に巧妙に働きかけました。というのも、大規模校なので、自分の学級だけ、そう何度もどんちゃん騒ぎをするわけにいかず、多くの学級が学期の終わり頃にお楽しみ会を開くのに合わせて盛大なお祝い会を開いていきました。

お祝い会の中身は、先生が提案してもいいし、実行委員会を作って考えさせてもいいし、学級の様子次第で決め方を考えます。「お店屋さんごっこ」「班ごとの出し物大会」「集団ゲーム大会」「デコレーションケーキ作り大会」

◀今年のドラゴンボールはタテ型。宝ができると、写真下のように貼り付けていく。

▼これまでにできた宝は4つ！宝1「給食を時間内に食べ終われるようになった」。宝4「台風の日、つなひきにゆうしょう」など。

◀4年生では、ドラゴンボールでなく、宝ができるたびに、虹を一色ずつ増やしていった。みごと7色そろってお祝い会。

（注・デコレーションケーキ作り大会は64頁参照）などをやってきました。このお祝い会の計画準備が、第二の活動を呼び、学級を押し上げ、お祝い会の成功がまた次の宝になっていきました。

小さなエピソード

　私の隣のクラスが、給食のご飯をひっくり返したことがありました。私は、学級の子どもたちに、ものの見方を教えるチャンスと思いました。
　「3年2組が、給食のご飯をひっくり返して、食べられなくなりました。みんな、どうしますか？」
　「私たちのを半分あげます」
　「それもいいけど、放送委員会にお願いして、全校に呼びかけたらいいと思う」
　「そうだね、両方やってみようか」
　放送3分後、集まる、集まる。3年2組には食べ切れないほどのご飯の山ができました。
　「先生、これってすごくない！　なんか感動した。宝にしてもいいですか？」
　「先生も同じ気持ちです。みんなのやさしい気持ちが全校に広がったね。みんなの心の成長に拍手だね。特大のドラゴンボールを貼らなくちゃあね」

◆ドラゴンボール以外に、こんな形があります

＊宝がたまるごとに虹を1色ずつ増やし、7色たまったらお祝い会を開く。

＊「○年○組丸」が宝探しの船旅に出て、島に着くごとに宝を次々に発見する。

＊「○年○組歴史年表」に宝の歴史を刻む。歴史が動いたら、その時代の名づけをしていく。（「私語撲滅時代」「がんばったソーラン節時代」など。6年生向き）

＊宝にすることができたら、○○星人から手紙が届く（先生が教室のどこかに隠す）。中にドラゴンボールが入っている。（低学年向け）

（永廣　正治）

Ⅰ 子どもニコニコ一学期

7 昼休みに小さなコンサート

> 高学年を持つと、女子はもめないかな、と必ずおうちの方から心配そうに聞かれます。そこで女子が中心になり、取り組むイベント。出場者は子どもたちの中から募集します。さてさてどんな楽器が登場するかな。

取り組んでみよう

　クラスのイベントとして６月の中頃に小さなコンサートに取り組みます。６月は１学期でいちばんトラブルの多い月。それに私たちも疲れがたまり、怒りっぽくなります。そんな時、子どもも教師も夢中になれ、楽しめるイベント。それがこの小さな楽しいコンサートです。

　まず何人かのちょっとおもしろそうな女子に、
「小さなコンサートをやってみませんか」
と、持ちかけます。私はこの時、プライドの高い貴子に声をかけました。貴子は、
「そんな暇ないわ。塾で忙しいの」
と、相手にしません。でも、
「学校の授業中にするからいいんじゃない。それに、あなたはお琴が弾けるんでしょ？」と誘います。
「ふーん。授業中かあ……」
　彼女がやってみようかな、という気になると、
「同じ考えの人を１人か２人連れてきて」
と言いました。こうやって連れてこられた麻紀と一緒に呼びかけ文（提案）を書いてもらいます。

　２人は班長会で原案を見せました。ところが、
「オレは興味ねえよ……」

「おれも……」

と、男子が反対をしたのです。

「あなたたちって、文化の香りってものがないわね」

貴子は怒りました。どうやら貴子は男子から嫌われているようです。しかし、反対のおかげで貴子のやる気は本物になりました。

クラスイベントから自由参加へ

給食時間と昼休み、班長会を3日連続開いて話し合いました。私は、

「意見が分かれているから、やりたい人でやるっていうのはどう？」

と、間を取りました。ところが、

「先生、学校ってところは、みんなで決めてみんなで取り組むところじゃないの！」

貴子が迫ります。すると男子が、

「まあ、やりたい人でいいんじゃねえか。オレはかまわんけん」

賛成しました。それを見て、

「やりたい人ってどういうこと？」

聞いてきたのです。こうやって意見が分かれた時、あるいは全員で取り組

むのが難しいイベントは、希望者による自由参加にします。全員が参加する必要はありません。でも、反対に全校の子どもたちに呼びかけることができます。昼休みに音楽室でコンサートをすることにしたのです。

　貴子を中心にクラスの女子がチラシをつくり、前売り券を発行して売り歩きました。うわさを聞いた隣のクラスの女子も参加することになりました。貴子たちは、廊下ですれ違う友だちに声をかけ、登校班で一緒に来る低学年の子どもを誘いました。女子グループは毎日のように参加人数をまとめ、司会の打ち合わせを行いました。しだいに気持ちは盛りあがりました。

昼休みのコンサート

　さて昼休み。音楽室のちょっと高くなったステージには、椅子が用意されています。会場は超満員です。
　コンサートは麻紀のバイオリンに始まり、ピアノやエレクトーン、それに祭りの太鼓、2人組のリコーダー。おもしろいところで三味線。そして最後は貴子の琴。しかも貴子は、
　「お琴を弾きたい人はいませんか」
　体験コーナーまで設けました。一番に手をあげたのは、「オレは興味がねえ……」と言った男子でした。

コンサートの後に

　イベントは終わったあとの余韻が好きです。コンサートには全校から100人を超える子どもたちが来たんです。教師も4人参加しました。
　「どうだった？　自由参加の取り組みは！」
　私の質問に貴子は、
　「学校って、こんなこともできるのね。驚いたわ」
　話してくれました。イベントを企画することで、もめごとが表に出ます。でも意見が分かれても大丈夫。小さな楽しいコンサート。自由参加は、気楽に多くの子どもたちに声をかけることのできる楽しいイベントです。

（溝部　清彦）

Ⅰ 子どもニコニコ一学期

8 水泳の季節、こんな大会を！

　近年、体育の授業時数が減って水泳の授業だけでは満足いくような成果が期待できなくなりました。プールでは、スイミングスクールに通っている子は低学年でもみごとなバタフライができるのに、そうでない子は顔をつけるのがやっとというくらい大きな差があります。ですから、体育学習のまとめとして、「用意ドン」の競泳に教育的な意味はありません。水泳楽しかったな、という思いが残るようにしてあげることで、来年の意欲につなげたいですね。

こんなイベントです

　「今年の水泳大会は、競泳はありません。そのかわり、浮き輪のレースをします。みんな、家にある浮き輪を持ってきてください。できるだけでっかいのがいいからね」
　「え～～～浮き輪？　ほんとにやるんですか？」
　「1人ひとりで泳ぐんですか？」
　「いいえ、チームを作ってリレーをします」
　みんな、最初は怪訝な顔をしますが、顔は喜んでいます。
　みんなでぐるぐる回って流れをつくる「洗濯機」や「じゃんけん列車」「水中騎馬戦」などはおなじみですが、私が今までやってみて、子どもに大受けした、これは楽しかったという活動をいくつか紹介します。

【1】特大浮き輪レース

　できるだけ大きな浮き輪を用意します。大きいほど手が使いにくくなり、泳力の差が出なくなります。私の場合、10人ほどのチームをいくつか作り、プールの横を使って、両サイドに5人ずつ分かれてリレーをしました。低・

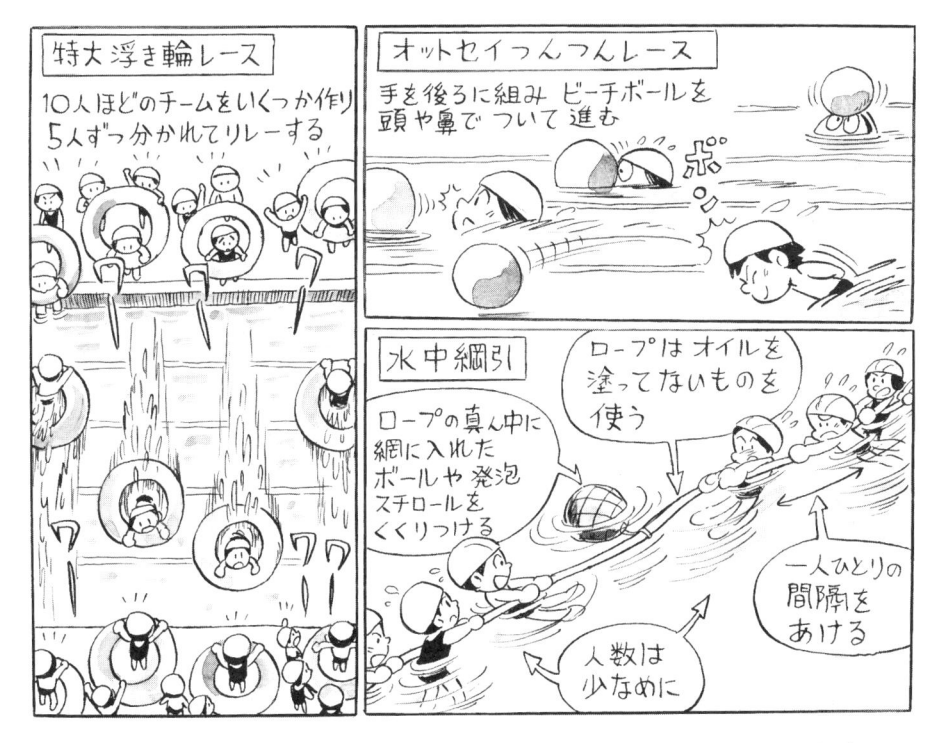

中学年はもちろん大喜びで参加しますが、高学年の子たちもかわいい泳ぎになって楽しめます。浮き輪はできるだけたくさん用意して、リレーの次の番の子はプールサイドで浮き輪に入って準備しておき、前の子が壁にタッチすると同時に、足から飛び込む方がスピーディーで迫力があります。

【2】オットセイつんつんレース

手を後ろに組み、ビーチボールをオットセイのように頭や鼻でつんつんとつついて進みます。ボールを手でさわってはいけません。歩いても泳いでもOK。これも個人レースよりもリレーの方が断然盛り上がります。

【3】水中綱引

プールの中で綱引きをするだけのことですが、これがなかなか力が入らず、泳いだり潜ったり必死の姿に思わず笑ってしまいます。ロープは防腐のためのオイルが塗ってないものを使います。ロープの真ん中の印に網に入れたボールや発泡スチロールの塊などをくくりつけておきます。足が踏んばれないの

で泳ぎだす子がいて、前の子を蹴ったりするので、人数を少なめにして1人ひとりの間隔をあけた方がいいでしょう。

【4】投げろ投げろ

プールをコースロープでドッジボールのように二つに仕切ります。2つのチームに分かれ、全員浮き輪やビーチボールなどを両手に持ち、両サイドに入ります。笛の合図で、持っているものを相手サイドに投げこみます。相手サイドから自分サイドに投げ込まれた物はどんどん投げ返します。投げている最中にプールの外に飛び出したものは、見学しているチームがプールを囲むようにして、出た所からプールに戻すようにします。

終了の合図の笛で投げるのをやめます。自分のサイドの物を集め、物が少ない方が勝ちです。相当の運動量があり、5分もやればへとへとになります。プール内の位置取りや、役割分担などの作戦が勝敗を左右します。普段の授業からやっておき、プール収めで最後の決戦にするとかなり見ごたえのある作戦が展開されます。これは、体育館でやってもとてもうまくいきます。

【5】手作りいかだレース

高学年向きです。あらかじめ、校長や体育主任によく説明して承諾を得ることが大切です。相当の時間と指導を要するので、総合的な学習の時間とリンクするなどの工夫が必要です。教師集団の合意と気合い、まめな援助が成功の条件です。

針金、木ねじといった金属などプールに沈んだら危険なもの、塗料などプールの水がよごれるもの、ガムテープなどプールの浄水機械が吸い込んだらまずいものなどは一切使わないこと。木材・竹・ペットボトル・発泡スチロール・ウレタン材・浮き輪・荷造りロープなどが材料としては適しています。

出来上がったものは、怪我しないように突起物など危険な箇所がないかを複数の目で十分確かめてください。

小さなエピソード

お父さんたちにいかだ作りの援助をお願いしたことがあります。最初は、

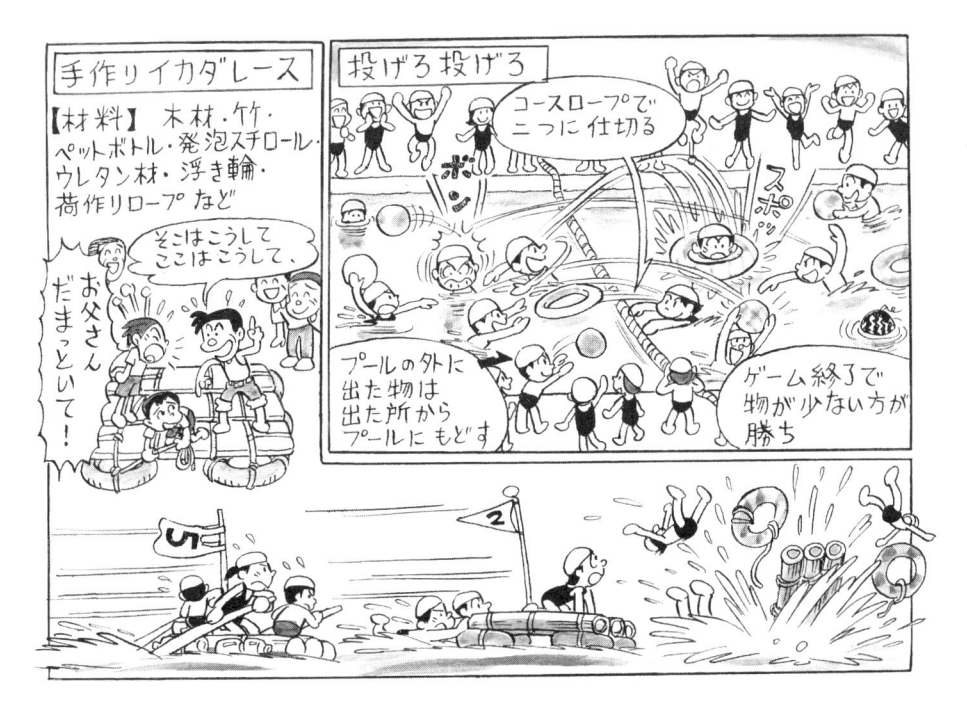

黙って見ていたお父さんたちですが、やがて、子どもそっちのけで夢中になって作り始めます。グループのリーダーの子と、そのお父さんが作り方の方針で意見が合わず、「お父さんはだまっとって！」と言われて、しゅんとなる方もいました。
　本番のレースは、上に乗って手作りのオールで漕ぐのもいいし、何人か乗って、何人かが水の中に入って押したり引いたりしてもいいでしょう。いろんな形の筏（いかだ）がプールサイドに並んだだけでもかなり絵になります。レースが始まると、スタートしてすぐひっくり返ったり、筏が分解したり、沈んでしまったり、いろんなアクシデントが起こり、大笑いになりました。
　最後は表彰式です。
「筏がかっこいいで賞」
「速かったで賞」
「それって筏じゃなくて潜水艦で賞」
「水中分解賞」
　などの賞を全チームに出すことで、失敗も楽しいと思える取り組みになりました。

（永廣　正治）

Ⅰ 子どもニコニコ一学期

9 クラスアドベンチャー 牛乳パックのボートで遊ぼう

> 私の学級は特別支援学級です。泳げないけれど水泳の時間は楽しみにしています。そんな子どもたちと学年の子どもたちを交わらせるイベントとして、牛乳パックでボートを作り、一緒に乗って楽しもうという取り組みです。牛乳パックでボートが作れることに驚き、そのボートが浮かべるとほとんど沈まないことに二度びっくりする楽しい企画です。

【1】材料集め

　いちばん大変なのは、たくさんの牛乳パックを集めることです。パックは1リットルのものを使います。もちろん規格が同じジュースのパックもOKです。4～5人が乗れる大きさのボートを作るには、400本のパックが必要です。（さらに丈夫にするには、倍の800本が必要）

　私の学級は4人なので、とても400本は無理です。そこで、材料集めを呼びかけるところから始めました。ポスターやチラシを作り、それぞれのクラスで呼びかけました。わずか4日で400本集まりました。通常学級で取り組む場合は、少し早めから呼びかけを始めて集めるとよいでしょう。

　その時もきょうだいなどから必ず情報は漏れていき（これも計算済み）、他の学年の子どもも興味を持ってくるので積極的に呼びかけていくといいでしょう。もちろん「乗れる」という条件付きで。

　教室の前に目標本数と現在の数を表示し、常に貼り替えることでみんなへの気持ちを高める工夫もしました。（特別支援学級での数の学習をかねて）

【2】作り方

　（ア）パックの頭（飲むために開けた部分）をつぶして底のように、できるだけフラットにします。片方に、もう一つを頭から押し込むとより丈夫な直

方体になります（この場合は800本必要）。この直方体になったパックを10本ずつくっつけて最初の部品の完成。これをいくつも作ります（写真上）。

（イ）次に10本パックの頭どおしを布テープでくっつけて20本パックにします。つなぎめは念入りに布テープでとめます。20本パックができたら、同じものを二段に重ねてとめ40本パックにします（写真下）。それをビニールゴミ袋に入れます。ゴミ袋は45リットルのものがちょうどよいです。これはパックに水が入るのを防ぐためです（水が入ると壊れやすくなるので）。

（ウ）あとはこの作業の繰り返しで、40本パックをいくつくっつけるかでボートの大きさを調整します。次第にくっつける作業が大変になりますが、できるだけ水が入らないように丁寧に作っていきます。

くっつける作業は全て布テープで大丈夫です。最後に乗る部分にコンクリートパネルなどの板を乗せておくと、より頑丈なボートになります。

最後は、ボートの名前を決めたり、旗を立てたりと、自分たちのしたい活動を少し入れるとよいでしょう。

（エ）進水式

ボートが完成したら、いよいよプールでの進水式です。とりたてて何をするわけでもありませんが、誰も牛乳パックボートが浮かんでいるところを見たことがないのでワクワクです。

牛乳パックでも400本となると、かなりの重さです。ビニール袋に入れた

▲10本ずつ束にして基本の部品作り。

▲40本の部品。これにビニール袋をかぶせる。

▲ワクワクドキドキの進水式。4〜5人乗ってもボートはほとんど沈みません。

り、布テープで固定したりしているのでさらに重くなっています。とうてい数人の力では教室からプールまでは運べません。ですから、クラスみんなで抱えていきます。重たいけれど、これから始まる進水式を思い浮かべ、子どもたちはワイワイといい顔で運びます。

そしてプールへ到着。みんなでそっとプールに浮かべます。その瞬間、大歓声があがりました。あんなに重かったボートなのに、浮かべると、水に沈むのはほんの数センチだけだからです。

そして、みんながもっと感動するのはそのボートに乗った時です。牛乳パックなのに4〜5人乗ってもほとんど沈まないことにみんなは驚きます。プールを1往復したら、次のグループに交替します。こうして1時間たっぷりボートを楽しみましょう。でも、やはり紙のボートなので、乗り降りはゆっくりと衝撃をかけないようにするのが長く使うためのポイントです。

【3】こんな準備を

教師から提案してもいいのですが、できれば水泳が苦手な子たちと相談してクラスに呼びかける形がいいのではないかと思います。誰の発案でみんなが楽しめたのか、きっと後でクラスの話題になることでしょう。私の場合は、

▲ボートはプールをスイスイ！　交流学級の６年生たちに押してもらって大喜び！

　特別支援学級の子どもたちが中心になって取り組むことを大切にしたいと思っていたので、彼らから交流学級や学年に呼びかけるという形を取りました。みんなから期待されるということは誰でも嬉しいことなのです。
　プールに浮かべるということで、やはり職員同士の合意をつくっておくことが必要です。そして、自分たちが使った後は、みんなにも開放するということがポイントだと思います。

小さなエピソード

　私の学級が呼びかけて作っているのを見て、４年の先生たちから相談がありました。総合的な学習の一環で、自分たちもボートを作って、自然観察を続けていた近くの川をボートで探検したいというものでした。もちろん賛成で全面協力。こんなことも起きるかもしれません。
　また、同じ学年の他のクラスや他学年の子どもたちに協力を求める場合、「完成したら一緒に乗って遊ぼう」という呼びかけがなによりもポイントです。子どもたちの意気込みが違ってきます。この時は「乗れる」という期待もあってか牛乳パックはわずか４日間で目標の400本集まりました。みんなの期待の大きさにびっくりしてしまいました。

（猪野　善弘）

Ⅱ
子どもが育つワイワイ二学期

Ⅱ 子どもが育つワイワイ二学期

10 学級の歌をつくろう

> さて2学期です。2学期には校内音楽会、地域の音楽会、地域のイベントが盛りだくさんです。クラスを外部に発信することをとおして、ちょっと沈んだ子どもたちを元気づける。そこで「クラスの歌をつくろう！」と呼びかけます。私は、実行委員の子たちと一緒に、子どもたちの心の奥にある表現したいことを掘り起こし、自分たちの学級の文化を、歌を通して耕し、音楽会などを目標に取り組ませてきました。

こんなイベントだよ！

　子どもたちは声を出すのが大好きです。歌は本来、気持ちを表現し伝えるものです。しかし、6年生ともなると、教室で歌っているのはテレビなどから流れる歌謡曲。お笑いタレントの歌うはやりの歌やギャグで楽しんでいて、自前の文化などには見向きもしないように見えます。でも本当は、子どもたちは心の中に自分たちの願いや希望を持っています。

　学級の歌づくりの中で、私は子どもたちの思いや願いを引き出し、それを共有し、学級全体のものとしたい、そう願ってきました。子どもたちの思いが全面にあふれる曲になった時、すばらしい芸術となっていきます。しかし本当に楽しんでいるのは私自身かもしれません。私は高校生の時からギターを弾き、バンド活動に明け暮れていました。自宅のスタジオにはギター、バンジョー、マンドリン、ベース等々十数本の楽器が転がっています。私自身も歌が好きですが、子どもたちにも歌う楽しさ、演奏する楽しさ、自分を表現する楽しさを伝えたいと思っています。

取り組んでみよう

❶アンケートをもとに

呼びかけは新学期。気持ちが新鮮なうちに「どんな自分になりたいか」「どんなクラスにしたいか」「どんな学校にしたいか」という気持ちをアンケートにとります。集計した結果をみんなに見せ、「仲のいいクラスにしたいというのが多いけど、これを学級の目標にしていいですか。もう一度班で話し合いましょう」などと何度も二重討議をして、学級目標が「仲のいいクラスをつくろう」と決定します。

　次に、子どもたちに、そのためにどうしたらいいのかを考えさせ、もう一度書かせます。その集計を子どもたちに見せ、「これをみんなで考えれば学級の歌ができそうだね」「みんなの気持ちをまとめたものを学級の歌にして、宝にしていこう」と提起します。「実行委員会で歌詞をつくるけど、一緒にやらないか」と言うと、意外と何人かが興味を示しました。

❷実行委員会で歌詞づくり

　「先生、実行委員会いつやるんですか。私、考えてきたんですけど」

　そんなことを言い出す子も現れます。帰りの会が終わった空き教室にみんなが集まってきました。5、6人で十分です。みんなの考えた言葉を持ち寄って実行委員会で歌詞を作り、教師がまとめて歌詞を完成します。誰がどの言葉を考えたのかわかるようにすると、いっそうみんなのものになります。

❸曲つくり

　曲を作ることは大変難しいので楽器をやっている子にさせたり、教師が作っ

たりします。子どもが考えた節を一部使ったり、続きを考えさせるようにすると、案外子どもでもよくできたりします。試作品の曲を聴かせ、曲を聴いた感想や意見をもとに修正したり、それを通信にのせたりもします。

❹録音

タイトルを決め、実行委員会で歌わせて録音し、毎日聴かせ、覚えたところで学級みんなで歌い録音できたら最高ですね。ちなみに私の学級で完成したのは、次のような歌でした。

ともだち

〔作詞〕○○小学校○年○組　　〔作曲〕牧野　幸

１人の時に誘ってくれたり　さびしいときに声をかけて
そんなときに思う　ともだちっていいな
いつもはとても言えないけど　優しい気持ちに触れたとき
そんなときに思う　なかよしっていいな
坂の道をのぼっていく　つらいことは続くけれど
雨上がりに　歩き出すよ　小さなカタツムリのように
　君がいてくれたから　僕は勇気を持って
　夢を背負って歩き始める
　出会えた君にありがとう

負けた試合の悔しさを　分け合い歩く帰り道
そんなときに思う　ともだちっていいな
空を目指して伸びていく　若い木のように　ともに育ち
そんなときに思う　なかよしっていいな
坂の道をのぼっていく　つらいことは続くけれど
雨上がりに　歩き出すよ　小さなカタツムリのように
　君がいてくれたから　僕は勇気を持って
　夢を背負って歩き始める
　出会えた君にありがとう（最後の３行繰り返し）

▲録音に向けて、実行委員たちが練習。ギターを弾いているのは筆者。

小さなエピソード

　子どもたちが「私たちの作った曲だ」という自信と誇りを持ち始め「校内音楽会に出てみよう」「地域のイベントで歌ってみよう」などと目標ができると、自分たちで自主的にパート練習を始めたり、音楽の得意な子が指導したり、休みの日に誰かの家に集まって、自分たちの歌を録音して楽しんだりしました。その歌をクラスで聴かせると、またみんな燃え出すのです。

　いろんな音楽会、地域のイベントに連れて行きましたが、オリジナル曲を演奏する時は、やる方も気持ちが入りますが、聴いている方からも「新鮮な感動があった」「子どもたちの思いが伝わってきた」という感想をもらいました。子どもたちの歌声も変わってきました。声を出すようになったどころか、表情、意欲、子どもたちの関係性までもつくられてきました。

　本番の演奏は録音し、CDにして配ると、子どもたちは宝物のように大事にします。給食の時のBGMとして流していくと「あんときはがんばったなあ」と思い出し、次に向けて意欲を燃やすのです。

（牧野　幸）

Ⅱ 子どもが育つワイワイ二学期

11 秋の空に飛ばそう プラトンボ

　子どもたちは作ることが大好き！　だれにでも簡単に作れて、おまけに作ったものがビューンと飛べば子どもたちはもう興奮しっぱなし。実行委員で大会を計画するのもいいかも。

【1】こんなイベントです

　どの学校でもよく作る「竹とんぼ」のプラスティック版です。だれが作っても、とてもよく飛びます。「竹とんぼ」ですと、カッターや切り出し小刀を使いますので、かなり危険ですが、プラトンボはハサミと画鋲があれば1年生でも作ることが可能です。ただし、かなりの速さでよく飛びますから、けがのないよう十分に注意してください。

【2】材料・道具

- 型紙（画用紙に印刷）
- アクリル板（クリアファイルホルダー・ファイルホルダーの表紙が適している）
- 竹串（15㎝）
- はさみ、画鋲
- ホットボンド（あれば、丈夫になる）
- ニッパー（または、ペンチ）

【3】作り方（次ページの絵を参考に）

①画用紙の型紙をハサミで切り取ります。

②型紙をアクリル板の上に乗せ、真ん中の点に画鋲をプチっと刺しておきます。これで画用紙が動かないので作業しやすい。

プラトンボの作り方 （トンボの羽の長さは10センチ）

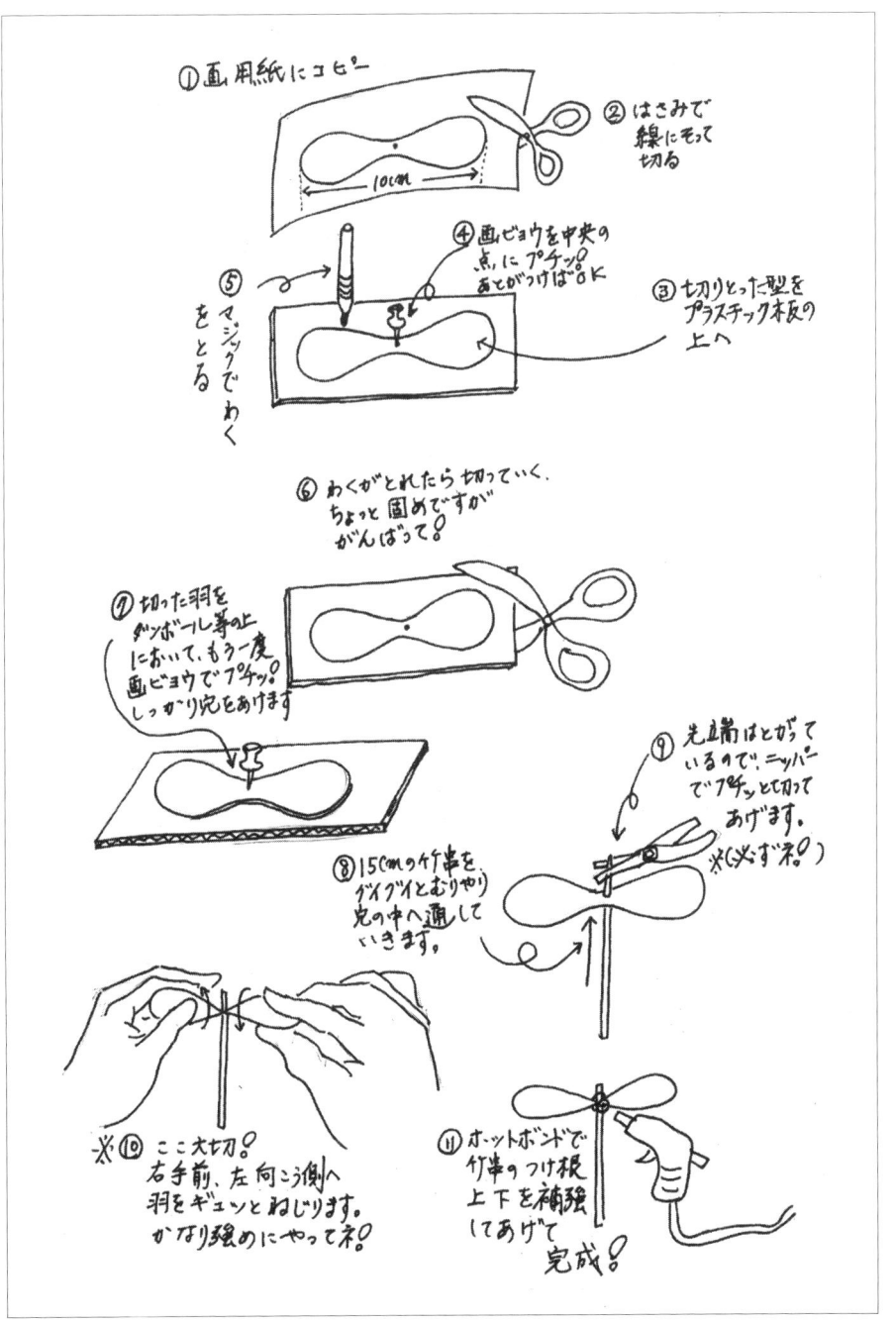

① 画用紙にコピー

② はさみで線にそって切る

③ 切りとった型をプラスチック下敷の上へ

④ 画ビョウを中央の点にプチッ！あとがつけばOK

⑤ マジックでわくをとる

⑥ わくがとれたら切っていく。ちょっと固めですががんばって。

⑦ 切った羽をダンボールの上において、もう一度画ビョウでプチッ！しっかり穴をあけます

⑧ 15cmの竹串をグイグイとむりやり穴の中へ通していきます。

⑨ 先端はとがっているので、ニッパーでプチッと切ってあげます。※(必ずネ！)

⑩ ここ大切！右手前、左向こう側へ羽をギュンとねじります。かなり強めにやってネ！

⑪ ホットボンドで竹串のつけ根上下を補強してあげて完成！

（イラスト／奈良重喜）

③縁取りができたら画鋲を抜き、縁に添って切り取ります。
④画鋲の点に、もう一度画鋲を刺して穴を空けます。
⑤竹串を下から無理やりぐいぐいと押し込みます。
⑥竹串の先をニッパーで切り取ります（安全のためなので必ず）。
⑦羽の右を手前に、左を向こう側に無理やりねじり、カント（傾斜）をつけます。
⑧竹串と羽の接地箇所をホットボンドで補強してできあがり。

【4】呼びかけ方

教室に残ってつまらなそうにぶらぶらしている子どもたちに声をかけてみました。
「ねえねえ、先生、宝物持ってきたんだけど見たい？」
「えー、なになに？」
ポケットからもったいぶりながら出し、飛ばしてみる。子どもたちは、
「ウワーッ！　すごーい」
「先生、どうやって作るの？」
「作るのむずかしい？」
「ううん。とっても簡単だよ。作ってみたい？」
「やりたい、やりたい」
この後、この子たちを中心に学級の全員の子に広めていきました。
この他に、①実行委員を募集する、②班長達で事前に作る、③クラブを作る、④先生が教える（ただし、いろいろな仕事を子どもたちに頼む）など、さまざまな取り組みができます。今回は④のケース。

小さなエピソード

2学期、運動会もおわり、子どもたちはざわざわと落ち着かない。でも、何となく疲れていて、このままではトラブルが大発生しそう。そんな時期でした。そこで、休み時間にこちらからさそいかけてみました。
教室にいた子たちは、すぐに材料を受け取り、作り始めます。ていねいにアドバイスしたのですぐに完成。さっそく教室で飛ばし始めました。キャー

キャー言いながら楽しそうに飛ばしていました。遊びから帰ってきた子どもたちがそれを見て大騒ぎ。

「どうして、あの子たちだけやってるの？　ずるいじゃん」

「ぼくたちも作れるの？」

最初に作った子たちと「どうしようか？」と相談しました。

「ほかの子たちも作りたいみたいだし、学級会でどうするか提案してみようか？」

「いいと思う」

「そうしよう。そうしよう」

「みんなでやると楽しいもん」

学級会では、私がどうして学級にいた子に作らせてあげたかをていねいに説明。みんなが楽しい休み時間を過ごすために「プラトンボづくり」を行いたいと提案。みんなで、ルールや取り組み方を決めること、はじめに作った子たちに先生のお手伝いをお願いしたいことを伝え、了承してもらった。

お手伝いをした子たちは、取り組みが一段落した後、「とべとべプラトンボクラブ」を結成。プラトンボを使ったたくさんの遊びを考え出してくれました。

（奈良　重喜）

Ⅱ　子どもが育つワイワイ二学期

12 ビックリ！　朝６時、三角公園で走ろう！

> スポーツの秋。10月前後におすすめです。朝、グラウンドを大きな声で校歌を歌いながら走ります。でも、この年はひょんなことから朝の６時に公園を走ることになったのです。

きっかけは大谷くんの遅刻

　３年生を受け持っていた時です。大谷くんは、毎朝５分だけ遅刻します。決まったように５分です。それで、
　「大谷、毎朝一緒にグラウンドを走ろうや」
　声をかけました。反応はありません。次の日もやっぱり遅刻です。なにげなく、
　「明日の朝、あんたの家の隣にある三角公園を一緒に走ろうか」
　「ホント？」
　反応してきました。
　「本当や。朝の６時でどうや」
　私は驚かせるつもりで言いました。ところが大谷は、
　「うん、わかった……」
　おいおい本当にわかったんか。朝の６時だよ！　大谷の返事に驚かされたのは私でした。とにかく私は、念のためデパートへ行って大きな音のする目覚まし時計を買いました。

すると意外なことが！

　次の朝、５時半に飛び起き車を走らせます。まだ道路はがらんとしています。三角公園には、うっすらと朝もやが立ち込めています。そこへ大谷がやってきたのです。

「起きられるやないか……」
　複雑な感動です。２人で言葉も交わさず５周しました。わずか15分です。
「それじゃ学校でな……」
　車に乗ろうとしたその時、
「先生、ちょっと待ってて……」
　大谷が自分のうちに戻り、スーパーのレジ袋をぶら下げてやってきました。中には何があるのかな、覗いてみると食パンです。それも売っている食パンの３倍もあるロングの食パンでした。
「どうしたの？」
「うちの父さん、ホテルのパン屋をしてるんや。あげるっち」
　私はその瞬間、あと何回したら目覚まし時計の元は取れるんやろう、と思いました。
「来週も走るか？」
　大谷は喜びました。
「先生！　今朝、三角公園を走ったんだって。本当？」
　学校へ行くと、大谷のまわりに人が集まっています。
「うん、まあな。朝はいいぞ。気持ちがいい」
　私の言葉に、
「明日も走ろうよ。オレ、明日いっちゃんけん」
　元気者が言います。
「無理、２日も続けて起きられん。来週な」
　さて次の週です。目覚ましが鳴って三角公園へ行きました。すると、誰か走っているではありませんか。見ると、クラスの子どもたちです。大谷もいます。走り終わると大谷はうちへ帰りました。そしてレジ袋を持ってやってきて、パンきりナイフを取り出しました。
「１、２、３、４、５人か」
　数えて、ロングの食パンを切り始めました。
（ええ……食パンが減っちゃうよ〜）私が悲しそうな顔をしていると、
「先生の分はこの前と同じだから」
　下からロングの食パンが出てきました。

さて、次の週は10人近くになりました。こうやって毎回人数が増え、3学期の終わりまで続いたのです。子どもと仲良くなれて、パンがもらえる。おまけに懇談会でも大人気！　朝、公園を一緒に走る取り組み、学校の枠を越えて地域に飛び出してごらん。

「朝ランクラブ」誕生

　しかし、朝6時は大変です。これを学校の時間枠で取り組むとどうなるのか。私が考えたのはランニングクラブをつくることです。なかなか今の子どもたちは外へ出ません。
「だって放課後、部活があるんや」
「私は塾があるから疲れるー」
　放課後に向けてエネルギーを残しているのです。でも、元気な活動を行うことでクラスに前向きなトーンを作りたいです。そうしたら11月の危機も乗り切れる……淡い期待も湧いてきます。そこで2学期が始まったあたりから、
「朝グラウンドを走ろうよ」
　元気でわんぱくな男子に誘いかけます。
　こうやって朝、子どもたちはグラウンドを走るようになりました。2日、3日行ったところで、
「学級会を開いて提案しようや」と、声をかけます。
　そして画用紙に提案文を書いて、後ろの黒板に掲示します。その画用紙には、参加する人の名前を書く欄があります。3人、4人と提案前から名前が増えていくのをみると、前向きな流れが生まれた気になって楽しいです。
　私もはじめの頃は一緒に走ります。でもすぐに、職員室の窓越しに見守ります。
「ああ、先生や……ミゾベせんせー！」
　手を振ってくれる子どもたち。振り返す私。これが私の理想です。
　朝グラウンドを走る「朝ランクラブ」が生まれました。もちろん、全員参加の活動ではなく希望参加です。

（溝部　清彦）

Ⅱ 子どもが育つワイワイ二学期

13 読書の秋は「読書紹介アピール集会」

　秋といえば読書。学校の図書館でもこの時期ならではの行事を持ち、「読書を楽しもう」という機運が高まります。読書に関心を持つこの時期に、自分の好きな本を低学年に紹介する楽しいイベントを企画しましょう。読書好きになってくれると良いですね。

こんなイベントです

　国語の教科書を読むのが苦手な２年生のリクくん。もちろん、読書も大キライ。でも、図書室で本を眺めるのは気に入っています。特に、お気に入りは虫の図鑑です。花壇に入っては虫を捜し、家から持ってきたかごに入れています。

　そんなリクくんも、「１年生に好きな本を紹介しよう」と提案すると、目を輝かせて乗ってきました。本当は絵本や物語を紹介させたいところですが、リクくんは虫の図鑑を紹介すると言ってききません。図鑑でも良いことにすると、大ハリキリで紹介カードを書き始めました。１年生を招待しての「読書紹介アピール集会」では、本物の虫を見せながら、その虫が載っているページを指さして、図鑑のおもしろさを紹介していました。

》プログラム《
〈１〉はじめの言葉
〈２〉先生のお話
〈３〉読書紹介アピール
　　（たっぷり時間を取る）
〈４〉集合
〈５〉感想
〈６〉終わりの言葉

取り組んでみよう

　何年生でもできますが、特に２年生にはもってこいの行事です。
　まずは、大好きな本を１年生に紹介しようと、紹介カードを見せながら子どもたちに持ちかけます。毎週１時間、図書室に行く時間があり、そこで思

い思いの本を選んで読んでいる中から大好きな本を紹介するとあって、どの子も張り切って取り組み始めます。

　紹介カードには、好きなところや書いた人などを書く欄（次頁参照）がありますが、リクくんは無視。それでもいいのです。大好きな本を１年生に紹介するために一生懸命に図鑑に載っていることを読んでいるのですから。自分が飼っている虫の絵を描き、その解説をまとめようと頑張っています。

　他にも読書の苦手な子どもたちはハウツー本や図鑑を選びますが、すべてＯＫです。１年生に紹介したいという気持ちを尊重したいものです。「紹介したい！」という気持ちが、学ぶ意欲につながります。

　集会では屋台方式で発表します。４人で１グループとし、ひとつの児童用机を使います。教室に８つのグループができたら、使わない机は教室の隅に寄せたり廊下に出したりして教室内を広くします。

　机の前には４脚の児童用いすを並べてお客さん用とします。お客さんが４人座ったら、グループの子どもたちが順番にお薦めの本を紹介します。グループの全員が紹介を終えたら、お客さんは別の屋台に移ります。お客さんが来

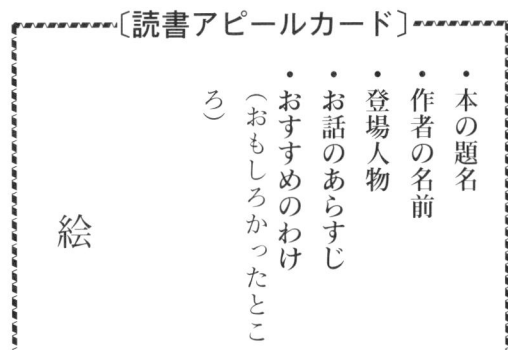

〔読書アピールカード〕
・本の題名
・作者の名前
・登場人物
・お話のあらすじ
・おすすめのわけ
　（おもしろかったとこ
　　ろ）

絵

　るたびに繰り返すので、発表が苦手な子もどんどん自信をつけていきます。ときには説明の声に抑揚をつけたり、本のお気に入りのページを開いて見せたりといった工夫も見られるようになってきます。
　集会を学級で行う場合は、グループの半分がお客さんとなって、よそのグループを回ります。時間を区切ってお客さんとアピールする人が交替します。学年全体でも同じようにして行うことができます。

小さなエピソード

　私の学校では、参観日に学年全体で「読書紹介アピール集会」を行いました。まずは、自分の子どものクラスの発表を見てから、他のクラスの発表も見に行き、お母さんたちもほほえましく思いながら発表を聞いているようでした。
　リクくんも大ハリキリです。事前に学年での集会を行っていたので、発表はお手の物。自分の飼っている虫をかごから出してお母さんたちに目の前で披露し、図鑑を見せながら一生懸命に虫の魅力を説明していました。日頃暴れん坊で、評判が芳しくなかったリクくんでしたが、リクくんの一生懸命さを見て、大好きになってくれたお母さんたちもたくさんいます。
　リクくんのお母さんはいつも授業参観には疎遠になりがちでしたが、たくさんのお母さんたちに褒められてうれしそうでした。リクくんの発表を何度も何度も聞いてくれていました。

（米沢　久美子）

Ⅱ 子どもが育つワイワイ二学期

14 芸術の秋、「ミニ額」づくりで教室をギャラリーに

　休み時間に「先生、これあげる」と言って、かわいいお花やキャラクターを描いたものを子どもたちにもらいます。せっかく描いてもらったのですから「ちゃんと飾ってあげたいな」とずっと思っていました。
　そこで、段ボールを使って「ミニ額」を作り、その中に子どもたちの絵を飾ることにしました。いくつか作ってみると意外と簡単に作れることがわかってきて「これなら子どもたちといっしょに作る方が楽しいかも！」ということで、簡単に作れる「ミニ額」づくりを紹介します。

取り組んでみよう

　ミニ額の良さは材料が身近にあり、とても安価だということと、工夫次第で楽しみのバリエーションがいくらでもあるところです。

①**材料**＝厚紙段ボール（ボール紙といわれる、表紙などに使う厚紙です）
　段ボールもいろいろな厚さがあり、仕上がりの善し悪しがありますので、二重になった段ボールは避けた方がよいと思います。

②**道具**＝ハサミ、木工ボンド
　低学年ですと、段ボールを切るのはなかなか大変な作業です。教師が材料を用意してあげて、組み立てるだけでも良いと思います。身近にある材料を使いますので、サイズを指定してありますが、かなりおおざっぱに切っても大丈夫です。学校等にある裁断機を使いザックザックと多量に作ってあげて、何度も失敗しながら作るのも楽しいですよ。

③**作り方**
　次ページを参考に作ってみてください。あくまでも中の紙を入れ替えられるように設計してあります。いろんな材料を使って周りを飾るのがとても楽しいですよ。子どもたちは意外な材料を使って飾り付けします。ビーズやプ

ミニ額の作り方

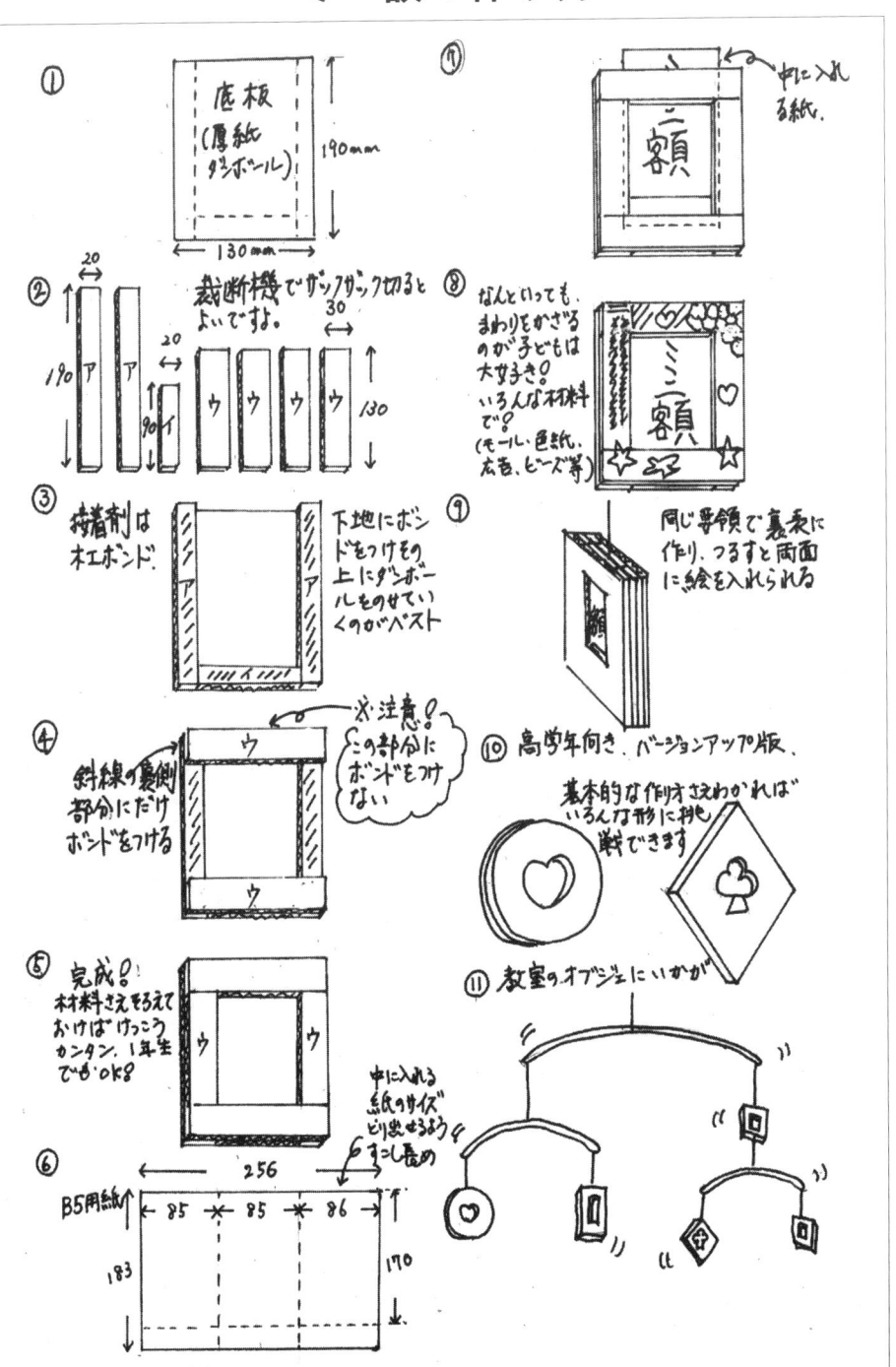

① 底板（厚紙・ダンボール） 190mm × 130mm

② 裁断機でザックザック切るとよいです。
ア: 190 × 20、イ: 90 × 20、ウ: 130 × 30

③ 接着剤は木工ボンド。
下地にボンドをつけその上にダンボールをのせていくのがベスト

④ 斜線の裏側部分にだけボンドをつける
※注意！この部分にボンドをつけない

⑤ 完成！材料さえそろえておけばけっこうカンタン。1年生でもOK8

⑥ B5用紙 256 / 85・85・86 / 183・170
中に入れる紙のサイズ ピッタリ合わせるより少し長め

⑦ 中に入れる紙

⑧ なんといってもまわりをかざるのが子どもは大好き！いろんな材料で♪（モール、色紙、広告、ビーズ等）

⑨ 同じ要領で裏表に作り、つるすと両面に絵を入れられる

⑩ 高学年向き・バージョンアップ版
基本的な作り方さえわかればいろんな形に挑戦できます

⑪ 教室のオブジェにいかが

（イラスト／奈良重喜）

ラスティックは木工ボンドではつきませんので、ホットボンドのようなものが必要になります。

④バージョンアップ

ここに示してあるものは、あくまでも基本だと思ってください。大きさを変えたり作り方を工夫したり、自分の額を作ってみてください。

家族で楽しもう「ミニ額」づくり

▲お菓子の包み紙とリボン用テープで飾りつけ。

10月末の自由参観日が迫ってきました。おじいちゃんおばあちゃんをはじめ、お父さんお母さん、おうちの方がたくさんお見えになり、各学級で楽しい取り組みやイベントを行います。その時に取り組んだのが、この「ミニ額」づくり。3年生の学級です。

「今度の自由参観日、何がしたいですか？」

「ゲーム」

「おやつづくり」

「うーん、それもいいけど、何か記念になるものを作りたいと思いませんか？」

「どんなの？」

「かわいくて、カッコイイミニ額」

「エエーッ？　ミニ額ってどんなの？」

「じつは先生、作ったものを持ってきてるんです。見たいですか？」

「見たい、見たい！」

自作のミニ額を見せると、女の子たちは、

「カワイイ！」

男の子たちは、

「けっこうカッコイイよな！」

「まず、みんなで作ってみて、作り方を覚えたら、本番はおうちの人に作り方を教えてあげるってのはどうですか？　おうちの人がたくさん来るから、

記念写真を撮ってミニ額の中に入れる。とってもいい記念になると思うけど」

「さんせい、さんせい！」

「いいね、いいね」

ということで、さっそく取り組むことに。

本番、さすがにおうちの方は上手。でも、子どもたちは必死に教えています。あらかじめ自分たちでひとつ作ってあるので、この日は２つめ。おうちの方たちもそれぞれ作り、お土産で持ち帰ります。

▲親子でクリスマスツリーを作っているところをパチリ。記念の額ができあがり！

　自分たちで作ったものの中からひとつ選んで、記念写真を入れ、教室の後ろに飾りました。上の写真は、３年生がミニクリスマスツリーを保護者の方と作った時の写真を入れてみました。ミニ額は子どもたちが事前に作っておきました。おうちの人と撮った写真はどの子も幸せそうです。

　同じ要領で、私は大きな額をひとつ作っておきました。これには自由参観日に参加したみなさんと子どもたちで撮った集合写真を入れ、教室の後ろに飾りました。教室の背面は、まるで学級が大きな家族になったようです。

小さなエピソード

　その後、教室でなんとなく居場所のなかった女の子たちが何人か集まって「お姫様クラブ」を作りました。「ミニ額」がフリフリのお姫様ふうなのです。ビーズやリボンがいっぱいついています。背面の一角に私からせしめたコルクボードをおいて、お姫様ふう「ミニ額」をいくつも飾り、毎日中の絵を替えています。よく見ると、絵の中身がお話ふうになっていて、とても感心しました。

（奈良　重喜）

Ⅱ 子どもが育つワイワイ二学期

15 夜の学校でお月見会を楽しもう

> 「中秋の名月と言えばお月見です。お月見をやってみませんか」
> 　6年生の教室での私の呼びかけに歓声が上がりました。夜の学校はそれだけで魅力的です。私の学級は特別支援学級。前年もお月見会に取り組んだのですが、当日の仕事が思っていた以上に大変だったので、今年は実行委員会を作ろうと思い、交流のある6年生に呼びかけたのです。

【1】ユニフォームを作ろう

　お月見会1週間ほど前の昼休み、みんなでうさぎのお面を作りました。6年生で実行委員になってくれたのは10人ほどでした。
　「実行委員になってくれてありがとう。今日は実行委員のユニフォームを作ります。ジャーン、これがユニフォームです」
　と、言って見せたのがうさぎのお面。6年生も大はしゃぎで自分のユニフォームを作っていきます。お面が出来上がるとだんだんと盛り上がってきました。下校の時、子どもたちはそれをかぶって家へ帰りました。6年生たちもです。

【2】だんごを作ろう

　当日の午後、家庭科室でだんごを作りました。材料を用意してくれたのは、私の学級の保護者たち。段取りもお母さんたちと相談してきめました。今日作るのはおよそ200人分。作るのは私の学級の子どもたち4人と保護者、そして6年の実行委員がいるクラス全員の総勢30人です。
　約1000個のだんごをワイワイ言いながら作りました。味はきな粉味です。大量なので、大きなたらいにきな粉を入れ、ゆであがっただんごをどんどん入れて作りました。壮観です。時どき味見するのも楽しいものです。

◀ お母さんたちもいっしょに楽しいだんご作り。

◀ 作っただんごは全部で千個！

```
――――――《プログラム》――――――
  １．はじめのことば
  ２．歌を歌おう
  ３．おだんごタイム
  ４．お楽しみ抽選会
  ５．おわりのことば
```

【３】お月見会はこんなイベント

　お月見会の会場は運動場です。少し薄暗くなる６時頃から受け付け開始。１時間も前なのに、受付は長蛇の列です。プログラムは上の通りです。７時頃月が出てお月見会開始。会の中身はシンプルです。内容にこるのではなく、本当にみんなとお月見がしたいという気持ちです。

　歌は昔からある「月」とか、「うさぎ」をみんなで歌いました。月を見ながら。そして、だんごをみんなで食べました。このひとときが結構いいのです。そして、お楽しみ抽選会をしました。

　はじめは交流学級を中心にと考えていたのですが、楽しい企画はあっという間に全校に広がります。きょうだいが一緒に参加したい、その友だちも参加したいということで、希望者がどんどん増えました。だから会費制のお月見会にすることにしたのです。だんごの材料費のためです。一人50円、おだ

▲お月見会開始を待つ子どもたち。すすきが雰囲気を盛り上げる。

んごとお茶付きです。

　月を見ながらだんごを食べるのもいいけれど、せっかく夜の学校に集まってくるのだから、もう一つ何かイベントをと考えたのが抽選会でした。みんなに呼びかけて文具やおもちゃを中心に不要品を集めました。抽選券は受付で渡す半券に番号が書いてあります。

　この他に、6年生が雨で行けなかったキャンプのために買っていた花火をいただいて花火大会をした年もありました。また、天文協会の方に来ていただいて望遠鏡で月を観察することもありました。

【4】こんな注意を

　お月見会が他のイベントと大きく違うところは、夜の学校で行うということです。ですから、この点について、事前の確認と配慮が大切になってきます。もちろん参加は自由参加ですが、参加者が家に帰り着くまでの安全を確保することが重要です。ですから必ず保護者と、または友だちの保護者と一緒に参加することを条件としました。

　事前に、学校長とも夜の使用確認をとることも忘れてはいけません。

小さなエピソード

　最初は50人くらいを考えていましたが、夜の行事は予想以上に子どもたちにうけました。200人も人が集まり大盛況でした。

▲天文協会の方を招いて星の観察会。

　大勢の人の前で話をしたことのないケンくんが「はじめのことば」を述べます。彼が「これから……」と一音ずつ、たどたどしい言葉で言い始めた時、ワイワイと盛り上がっていた会場がシーンと静まりかえりました。みんなの気持ちがピタッときた瞬間でした。みんなの「シーン」に、私は「ジーン」ときました。みんなと歌いながら見上げた月に、本当にウサギがいるように思えました。

　最後に、これに類似した学年での取り組みを紹介しておきます。4年生で星の観察会を夏休みにしようということになりました。天文協会の方を招いての本格的な観察会です（写真上）。その観察会の前に、「夕ご飯抜きでは」ということで、流しそうめんをしようということになりました。保護者のおじいちゃんが竹を提供してくださり、運動場に竹の流しを作って行いました（写真下）。

▲校庭で豪快にそうめん流し。みんな満足！

　暑い夏の夕方、みんなでおなかいっぱいそうめんを食べました。その時の器と箸も昼間、子どもたちで作りました。食べることと、夜の学校は子どもたちにたまらない魅力があるようです。

（猪野　善弘）

Ⅱ 子どもが育つワイワイ二学期

16 よだれが出るデコレーションケーキ大会

クリスマス会でツリーを作ったり、プレゼント交換したり、出し物やゲームを楽しむ企画はよく聞きますが、これはクリスマスのビックリイベント！　自分たちでケーキを作ってみようと提案すると、「そんなことが学校でできるの？」と子どもたちはびっくりして大喜びします。事前の計画から、作っている時も食べる時も子どもたちはワイワイガヤガヤ。いっしょに作ることで子どもとのつながりが深まります。

こんなイベントです

　グループごとにケーキのデコレーションを競わせます。保護者を招いて審査員になってもらったり、先生が審査員になったり、自分たちで投票したり、写真を撮って廊下に貼り出し、通りかかる人にシールを貼って投票してもらったりします。もちろん作ったものはおいしくいただきます。一人あたり200円もあれば、すごいケーキが出来上がります。クリスマスに限らず、学級のお楽しみ会などで取り組んでも、とても楽しく作ることができます。なんてったってケーキですから！

〈1〉**材料**（6人分。全部スーパーの食料品売り場で手に入ります）

- 手作りケーキ用のスポンジケーキ（丸くて2枚重ね）300〜500円
  （クリスマス時期は予約しないと、数がそろわないこともある）
- 生ホイップクリーム（動物性の値段の高いのはおいしいけど、混ぜすぎると分離して失敗しやすい。安い植物性の方が失敗しにくい）100〜200円
- 氷（ホイップする時に冷やすため）
- 砂糖

　　　　　　　　※ここまでは教師がまとめて買う。

- ■デコレーションの材料（これはグループで話し合って用意する）
  缶詰のフルーツ、生フルーツ、チョコ、スライスアーモンド、駄菓子など。

〈２〉道具

- ■ステンレスボール（２～３個）
- ■かきまぜ器（できれば電動、手でやるのは相当つらくて時間がかかる）
- ■ケーキ用のパテ（なければ食事用のナイフでよい）
- ■包丁、まな板（フルーツを切ったり、チョコを刻んだりする。家庭科室から拝借）
- ■ケーキをのせる大きな皿またはお盆

〈３〉作り方

- ■材料きざみ隊とホイップクリーム隊に分かれる。
  - ■ホイップクリームをボールに入れ、砂糖を加え、かきまぜ器でホイップする。ボールを二重にして、下のボールに氷水を入れ、冷やしながらする。持ち上げても垂れないぐらい硬くなったら出来上がり。ココアの粉を入れるとチョコクリームになる。
- ■スポンジケーキの下段に生クリームを塗り、刻んだフルーツなどお好みのものをのせ、さらにその上にクリームを塗り上段ケーキをのせる。あとは、自分たちの工夫でデコレーションしていく。

　火を使ったり、材料を洗ったりしないので、教室でもできるところがミソです。４年生以上なら、すべて自分たちでできます。１～３年生はグループに１人は保護者に付いてもらう必要があります。

　子どもたちは予想をはるかに上回る優秀なパティシエです。中には、「もったいなくて切れない」という子がいたり、出来上がりがあまりにも見事で、写真に撮って携帯の待ち受け画面にした保護者の方もいました。

わっ、おいしそう！ (作ったのは4年生)

▲みんなの力を集めたら、プロ顔負けの腕前。ナイフを入れるのがもったいない！

☆ホシ～～の王子さま

「おいしそう」
「食べさせてホシ～の」

◆ケーキ作り大作戦
3班メンバー（浩太、都、裕也、みどり、花子）

❶ケーキのイメージを絵に描いてみよう。色もぬるよ。
❷デコレーションするものの分担
　■みかんのかんづめ――浩太
　■もものかんづめ――都
　■いちご――裕也
　■ポッキー――みどり
　■マーブルチョコ――花子
❸道具を持ってくる分担
　■ボール――浩太と都
　■電動かき混ぜ機――裕也
　■ケーキパテ――みどり
　■おぼん――花子

※これは、班ごとに配る取り組みカードです。

小さなエピソード

　4年生の時、1年間で2回ケーキ作りを経験した子どもたちが、5年生になって、新しい担任の先生になりました。その担任の先生がうれしそうに職員室に入って来てこう言いました。

　「永廣先生、元先生のクラスの明子ちゃんたちが、私の誕生日にケーキを作ってくれました。感激しました」

　そのケーキは、段ボールと色紙で作ってありましたが、色といい形といい、実においしそうにできています。私が取り組んだケーキ作りが発想のもとになっているのは間違いありません。

　「先生、おいしそうにできてますねえ」

　明子ちゃんたちは、このクラスで、きっとどこかのタイミングで、ケーキづくりをすることを提案するでしょう。

▲明子ちゃんたちが担任の先生のお誕生日に贈った紙のケーキ。本物そっくり！

（永廣　正治）

Ⅱ 子どもが育つワイワイ二学期

17 感動の２分の１成人式

> 10歳は、20歳（はたち）の半分。客観的に物事を見ることができるようになり、発達の節目を迎える年齢でもあります。総合的な学習や学級活動の時間を使って、「２分の１成人式」を親子で祝い、感動的なイベントにしましょう。

こんなイベントです

　この時期を境に、あんなにも素直だった子どもが反抗的になったり、批判的な口を利いたりして、周りの大人たちはとまどいがちです。それは成長の証でもありますが、実は子ども自身も自分の変化にとまどっているのです。
　物事を客観的・抽象的に見ることができるようになってくるこの発達段階を大切にして、今までの自分を振り返り、これからの自分を考えさせる、そんなイベントを持ちましょう。その時間を親子で共有することで、より感動的なものになります。
　子どもたちには、自分の成長は親や周りの大人たちに支えられてのものだということ、またこれからも周りの大人たちに支えられていくだろうということに気づかせていきましょう。

【１】おうちの人に取材して作文を書く

　まずは、子どもたち全体に趣旨を説明します。
　「20歳になると成人式をしてお祝いします。みんなはその２分の１の10歳ですから、『２分の１成人式』を行い、お祝いをしましょう」
　子どもたちは大喜びです。
　「でも、『２分の１成人式』って、いったい何をすると？」
　「10年間、たった１人で大きくなった人はいますか？　いませんね。誰の

〔原案例〕「2分の1成人式」を祝おう

〈1〉めあて
・家の人を招待して、感謝の気持ちを伝えよう。
・協力して準備を進める中で、互いのよさを発見しよう。
〈2〉期日──○月○日○時間目（参観日）
〈3〉係分担
　　司会／飾り付け／名札作り／受付／案内

》プログラム《

①はじめの言葉
②みんなの発表
　（「私は誰でしょうクイズ」）
③みんなの歌
④お母さんたちからのメッセージ
⑤みんなの歌「未来へ」（kiroro）
⑥先生のお話
⑦終わりの言葉

おかげで大きくなったんですか？」
　と問うと、「お父さん」「お母さん」など家族が出てきます。
　「他には？」と聞くと、「おじいちゃん」「おばあちゃん」や「地域の人」「学校の先生」なども出てきます。中でもいちばんお世話になったお父さんやお母さんなどの家の人から、どんな子どもに育ってほしいと願っているのか、今までにどんな苦労があったのかを取材する旨を説明します。
　取材したら、おうちの人に対しての気持ちを作文に書きます。『2分の1成人式』では、それを発表するのだと説明すると、子どもたちは大ハリキリで取り組みます。原稿用紙1枚以内の長さにおさめます。

> ▶▶シナリオ◀◀
> （歌の伴奏のときに司会が言います）
>
> **前奏中**「今日の『２分の１成人式』においでいただき、ありがとうございました。みんなで心をこめて歌います。聞いてください。よかったら一緒に歌ってください」
>
> **間奏中**「小さいころから、お家の方たちにはとてもお世話になってきました。それなのに、時には口答えをして家の人を困らせたこともあります。でも、本当は、家の方たちのおかげでここまで成長したのだとわかりました。今まで育ててくださって本当にありがとうございました」
>
> **終わり**「これから、５年生や６年生になったら、反抗したりして、家の方たちをもっと困らせることがあるかもしれません。でも、どうかこれからも、僕たち、私たちの成長を見守ってください。よろしくお願いします。（深々とお辞儀する）」

【２】当日の準備

　一方、学級で実行委員を決め、学年全体の実行委員会を行います。実行委員会では、イベントのプログラムと係について話し合わせます。

　プログラムでは、みんなの発表の合間に「私は誰でしょうクイズ」を織り交ぜます。赤ちゃんの頃の写真をテレビ画面に映し出し、誰かを当てっこするのです。実行委員の子は、実行委員会で話し合ったことを学級で提案し、承認を受けて各クラスで準備を進めていきます。

　さらに、保護者の皆さんにもプリントで趣旨を説明して有志の方に集まってもらいます。有志の方にも仕事（証書作成、写真、メッセージ）を分担し、子どもたちと一緒に盛り上げてもらうようにお願いしておきます。

小さなエピソード

　シローくんのお母さんは毎日仕事で帰宅が遅く、そのせいかシローくんは毎日遅刻しがちでした。朝から表情も沈んでいます。「2分の1成人式」について学級で話をする前の日に、シローくんのお母さんに電話しておきました。
　すると、シローくんはお母さんからも励まされたようで、進んで実行委員になりました。実行委員会で話し合ったことを学級で提案したり、司会の練習をしたりと張り切っています。遅刻も減ってきました。今までのことをどう取材していいかわからない様子だったので、休みの日に家庭訪問し、一緒に取材して発表の準備もできました。
　いよいよ当日、お母さんは無理して仕事の都合をつけて参加してくれました。シローくんは自分の発表の時には緊張で顔を真っ赤にしていました。それでも最後までシローくんのがんばる姿にお母さんは涙を流していました。シナリオ原稿を何度も読んで練習した司会の言葉も立派に言うことができ、たくさんの方々の感動を呼んだのでした。

（米沢　久美子）

Ⅱ 子どもが育つワイワイ二学期

18 あっと驚く大きなツリーを作ろう！

　12月は多くの子どもたちが楽しみにしているクリスマスの季節です。同時に、2学期のまとめの月です。2学期終わりの会を計画して互いの成長を確かめ、クラスの前進を確かめ、大いに盛り上がって3学期を迎えたいですね。その会場を盛り上げる演出の一つとして、欠かせないのがクリスマスツリーです。大きなツリーを作って会を盛り上げましょう。

【1】材料集め

　牛乳パックでもすてきなツリーが作れますが、今回はもっと簡単にできるペットボトルツリーの作り方を紹介します。1・5リットルボトルがいいです。少し前から呼びかけておけばたくさんのペットボトルが集まります。同じサイズのものを集めることが大事です。それとキャップのついたままがよいです。

【2】組み立て

　どのくらいの大きさのものを作るかで土台の大きさは決まります。私は5段～6段の大きさで作りました。最初に板と車輪（注・ホームセンターで売っているキャスター）で土台を作ります。車輪はなくてもよいのですが、ついていると移動が楽です。ない場合は、段ボールを2枚合わせて円形を作ります。これが土台です。

　この土台の上に、ペットボトルを円形に並べます。底に木工ボンドをたっぷり付けて固定します。きれいな円形になるように並べてください。

　その1段目のキャップに合わせて、また段ボールで円形を作ります。キャップにボンドを付けて、その段ボールを重ねます。これで2段目の土台の完成です。

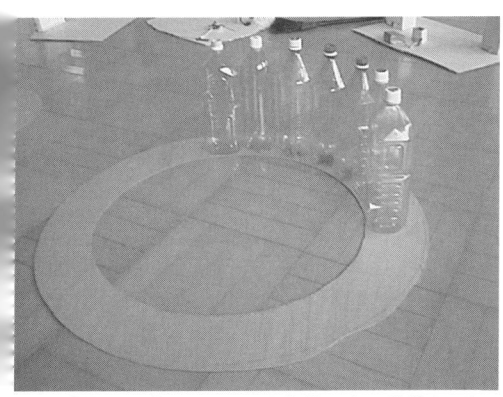

▲1段目。正確に円になるよう並べるのがポイント。 　▲2段目。たっぷりとボンドをつけて重ねる。

▲3段目。数を減らしながら中心に気をつけて重ねていく。

◀2リットルボトルでもOK。土台にキャスターをつけると移動がらくらく。

　あとは、ペットボトルの数を減らしながら、作りたい段の数だけ繰り返します。少しずつ細くなったツリーが次第にできてきます。注意することは、ボンドをたっぷりと付けることと、重ねる時に、中心がずれないように気をつけることです。ずれると傾いたツリーになってしまいます。

　最後はペットボトルを1本だけ立てて完成です。

　できあがったツリーは、当然透明なツリーです。これに表面を着色しようとするとラッカーでないと難しいです。組み立て前にペットボトル1本1本の中に緑の絵の具を入れてシェイクして着色したこともありましたが、どれも結構大変な作業になります。ですから、このまま透明で一応作業を終わる

73

▲みんなで好きな飾りをつけて完成！　　▲色画用紙を巻き付け、サンタさんや雪だるまを貼って、クリスマス用に！

ことにしています。

　緑のツリーにしたい時は、それぞれの段のペットボトルに緑色の画用紙を巻き付けていけば簡単に緑のツリーを作ることができます。この作り方でいくと、実はツリーをその後もいろいろに使えるのです（注・ひな飾りのページ参照）。それに、片付けを考えると、着色しない方が片付けの時のゴミの分別で手間がかかりません。

【3】飾り付け

　飾り付けは、子どもたちのアイデアがいきる時です。思いっきり自由に取り組ませるといいと思います。色画用紙を巻いているので、絵を描いて貼り付けることも可能です。

　まとめの会の時は教室にあるといいですが、せっかくできたツリーを教室だけにおいておくのはもったいないので、廊下やみんなが集まったり通ったりする場所に飾って置くのもいいですよ。私は毎年、みんなが集まる図書室に飾っています。

【4】こんなこともできます

　(ア)　1.5リットルボトルのツリーは大人の背丈よりも高く大きくできます。ですが、小さいツリーを作ってみても楽しいと思います。その時は500ミリリットルボトルがいいです。

　班で１本ずつツリーを作ってみてはどうでしょうか。２学期最後の班での作業の一つです。もちろん、まとめの会に向けての。

　ツリー本体の制作作業は一緒ですが、飾り付けの時に、班で話し合って、どんなイメージのツリーを作るか決めます。それに向かって飾り作りをするのです。少し小さいけれどクラスに班の数だけの個性的なツリーができるはずです。まとめの会の中に、ツリーの自慢大会なども企画することができます。

　(イ)　せっかくなので、牛乳パックでのツリー作りも簡単に紹介しておきます。右の写真のように、牛乳パックで円をつくり、数を減らして直径を小さくしながら重ねていけばよいです。参考にしてください。

▲ガムテープの上に並べて倒すと簡単。

▲形を整えてボンドで固定する。

◀着色はスプレーラッカーを使いました。

◀土台の幹の部分には水を入れたペットボトルを5本入れてあります。土台が重いと安定します。たくさんの人が目につく場所に飾りましょう！

小さなエピソード

　2学期終業式の前日、「2学期がんばったね＆クリスマスパーティー」を開きました。教室にはもちろん、みんなで作ったペットボトルのツリーが飾られています。会はツリーの自慢大会で幕をあけ、1人ひとりが2学期がんばったことを一つずつ発表し、大いに盛り上がりました。

　実はもう一つ、サプライズを用意しておきました。パーティーの前日に、クラス掲示の一つとして、みんなが一つずつ色画用紙でブーツを作って教室背面に飾っていました。翌日の終業式の朝、そのブーツがちょっぴり膨らんでいるのに子どもたちが気がつきました。

　「おい、ブーツになんかはいっちょんみたいぞ」

　「ほんとや！　なんかなあ」

　「あっ、おかしが入っちょん」

　たちまち教室は大騒ぎになりました。パーティーの後、放課後に私がみんなのブーツにお菓子を入れていたのです。

（猪野　善弘）

III
涙と笑いの三学期

Ⅲ 涙と笑いの三学期

19 みんなでひな飾りになろう

> 12月に作ったペットボトルツリーを何か利用できないかと考えていた時に、ひな祭りの季節を迎えました。ツリーを見ると5段。これがひな壇になるのではないかと思ったのが始まりでした。

【1】あなたもひな人形に

　ツリーは12月のツリー作りで紹介したものを使いました。（注・ツリー自体を作っていない方は、72頁〜を参考に作ってみてください。）各段のペットボトルの周りに赤い画用紙を巻くことで、円筒形のひな壇ができました。思っていた以上に立派で華やかです。
　「もうすぐひな祭りの季節なので、ひな飾りを作ります。ぼくと一緒にみんなもひな人形になってみませんか」
　「えっ、自分が人形になるの？」
　「そうだよ。ジャーン、こんなふうにみんなの写真を貼るんだよ。やってみる？」
　マサトの顔写真を貼った人形を見せると、一気にやる気モードになりました。この交流クラスへの呼びかけでイベントはスタートです。

【2】衣装を工夫し、写真を撮って仕上げ

　作り方はとても簡単です。体の形をいろいろな色画用紙で作ります。厚紙で型紙を作っておくと簡単にできます。もちろん1年生でも大丈夫です。
　色画用紙に型を取ったら切り取ります。それは着物姿になるので、その体に自分で好きな模様などを描き込みます。子どもたちは互いの模様を見せ合いながら一生懸命作ります。子どもたちには実物を見せて、作り方の紙を掲示することで迷うことなくだれもができました。

▲赤い画用紙を巻いてひな壇に変身。

▲できあがったひな人形は、ひな壇の好きな場所に貼り込んでいく。

▲みんないい顔のひな飾り。着物もいろいろ。

次は、顔ですが、写真を利用することにしました。ひな飾り作りに参加する子どもの顔写真を撮って、頭の部分だけ切り取って、それを体の部分の色画用紙に貼れば自分の人形は完成です。とても簡単です。着物の模様がいろいろあって、とてもかわいい人形のできあがりです。

【3】ひな壇に飾り付け

ひな壇を飾る場所は、全校のみんなが必ず利用する図書室にしました。図書室にひな壇を置いて、そこに「あなたもひな人形になって参加しませんか」と呼びかけの看板も置き、取り組みを全校にオープンにしました。

ひな人形ができあがったら、ひな壇の好きな場所に貼っていきます。みんなでワイワイ言いながら貼っていく過程がとても楽しく好きです。

自分の人形を貼るだけでなく、その他の飾りも貼ったりして完成。今年も

200人近い子ども（なんと学校の半数近く！）が参加し、とてもにぎやかなひな飾りができあがりました。1年間、これだけの人と関わってきたのだという歴史にもなっています。

　飾り付けの期間が終わったら、そのひな人形は記念にプレゼントです。

　「今年でもう4枚になったよ」と毎年楽しみにしているファンもいます。

【4】こんな配慮を

　（ア）クリスマスもそうですが、ひな祭りもさまざまな宗教上等の理由により、参加が困難な子どももいる場合があります。そのような時は無理をせずに取り組みましょう。私も基本的には自由参加で「この指とまれ」方式で取り組んでいます。

　（イ）顔写真を使うために、高学年になると、参加したいけど遠慮する子どもが多くなります。そんな時はやはり無理をしないでゆるやかな取り組みにしていきましょう。似顔絵だってOKです。低学年、中学年はとても喜びます。

　ペットボトルツリーはいろいろな取り組みに利用しました。毎月のように季節の飾り作りに取り組みました。折り紙で作ったこいのぼりを自由に貼ったり、梅雨時はあじさいの花を飾り、7月はひまわりの花を作って飾ったりしました。雨の日の昼休みは絶好の活動の時間です。

▲たくさんの人に見てもらえる場所に。

▲7月のツリーは黄色いひまわり。

（猪野　善弘）

Ⅲ 涙と笑いの三学期

20 一文字で一年のまとめ

> 3学期、子どもたちとももうすぐお別れ。そんなとき「今の気持ちを一文字で表して一年のまとめをしよう」と呼びかけてみました。その子なりの世界や、学級への思いが伝わってきて大好評。その子の意外な一面が見えたりで、周りの評価が変わるのもこのときです。

こんなイベントです

　右の作品は、4年生。この子は、ふだんとてもおとなしくて、笑顔なんてあまり見たことがありませんでした。その彼女が、
「私が今、いちばん欲しいものを一文字にしてみました」と、みんなの前で恥ずかしそうに発表した作品にみんなびっくり。

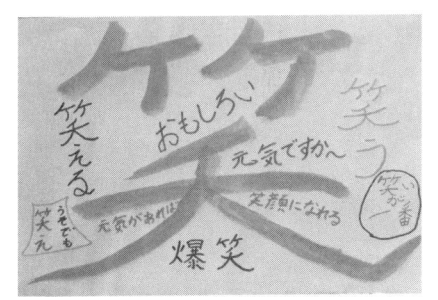

▲「今、私がいちばんほしいもの」と言って書いた一文字。

「だったら、もっと笑えばいいよ」と男の子。
「あんたがそんなふうに言ったら、もっと笑えなくなっちゃうでしょ。それより、おもしろい顔でもしなさいよ」とまわりから声が！
「こんな顔？」
　男の子がふざけます。これを見た彼女はそれこそ、この文字のように笑いました。

作り方はこうです

❶漢字辞典、国語辞典を使う

まず、漢字辞典、国語辞典で自分の思いに合う漢字を探させます。
「国語辞典、漢字辞典の使い方」の学習以外、日頃、漢字辞典、国語辞典

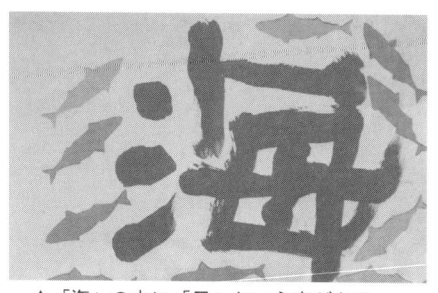

▲「海」の中に「母」という字がある。　　▲「波」の周辺にあるのは貝殻かな？

を使うことはあまりありません。でも「自分の思いを漢字一文字で」と課題を与えると、かなり真剣に辞典とにらめっこします。「漢字の意味もよく考えながら選ぼう」とアドバイスすると、ユニークな漢字を次から次へと探し出します。

❷用紙の色を選ぶ

選んだ漢字に合う紙の色を自分で決めていきます。字の色も考えながら、どんな色のバックと字の色が気持ちをよく表せるか考えることも楽しいものです。

❸文字をデザインする

バックの紙の色と、文字の色を決めたら実際に絵の具で書いていきますが、字のデザインを別の紙に書いて練習しておきます。「自分の気持ちがでるようにデザインしてね」とアドバイスしますが、字形をなかなか崩せません。「大胆に、観る人をあっといわせるような文字にしてみよう」と呼びかけます。できあがったら、みんなで発表会です。

小さなエピソード

4年生の3学期、学級も最後のまとめへ向けてがんばりたい時、子どもたちに、「今の気持ちを一文字で表すと？」と聞きました。

「一文字で表すの？」

「そう。たとえば『快』、これ『かい』と読むのだけど『きもちがよい』みたいな意味だよね。『悔』も『かい』と読むけど、こちらは『とてもこうかいしている。くやんでいる』という意味です。漢字って読みは同じでもいろんな字があって、意味もそれぞれ違っておもしろいよね。そこで、『一年のまとめを一文字に表そう』を今からやりたいと思います。1人ずつこの1

年間どうだったかなって考えながら、1年間のまとめの一文字を探してみなさい」

「おもしろそう！」

「先生、いいのみつけたよ。『剛』これ、ぼくの字『つよし』って読むけど、『ごう』とも読むんだね。『強』も『ごう』とも『つよし』とも読むけど『剛』の方が固そうに見える」

「お父さん、お母さんの願いがこもっているんじゃない」

子どもたちは今の気持ちを表している言葉はないか、真剣に辞書とにらみ合っています。「怒」「聖」「勘」「径」いろんな漢字が出てきたので、理由もあわせて書かせるようにしました。Ｐさんは「忙」を選びました。

▲今どきの小学生は「忙」しいんだ！

▲ときどきボーッとしていたいの。

「なぜ『忙』にしたん？」

「『忙』って心が亡くなるって意味だって。わたし、ボーッとしててよく先生から注意されること多いやろ」

「うん、うん」

「やだー！ みとめんでよ。でも、ボーッと他のこと考えている時ってけっこう幸せなんよ。だからこの字を選んだの。だって『ボー』って読むやろ」

「う～ん、あなたはジョークもうまいね。じゃあ次、Ｑさん、あなたは、なぜ『憩』にしたの？」

「わたしは『忙しい』のはいやなの。ポカポカした野原みたいなところでほのぼのしていたいな」

「それで、横に『ほのぼの』って書いてあるんだ。みんなけっこう毎日大変だったんだね」

「そうだよ。暇なのは先生ぐらいよ」

「そうか、まいったなあ……」

（奈良　重喜）

Ⅲ 涙と笑いの三学期

21 創作劇で綴る学級じまい

「終わりよければすべてよし」ということわざもあるくらいで、学級の1年の締めくくりに何をするのかは、悩んでしまいます。私はいつも学級の1年を振り返り、自分たちの成長の跡を感じることができる創作劇をしています。ほとんどの子どもたちが演劇は大好きです。学級で起こったさまざまなエピソード、運動会のおどりや音楽会での演奏、学級歌、さまざまな実演も入れると、かなりの長編となります。場面ごとに笑いをとる内容を入れるのは絶対条件です。教室でやってもいいし、セリフを大きな声で言えるようだったら、体育館のステージでやるのもいいでしょう。

【1】脚本づくり

　まず、脚本に入れてほしいシーンを簡単な説明つきで全員に書いてもらいます。それをもとに、脚本係りを希望した子たちと一緒に時間を追って整理していきます。私の学級ではこんなのが出ました。
- 学級開き
- 最初の授業参観
- みんなで虹の絵の土台を貼り絵で作った
- ドル平の練習がんばった
- 水泳大会の浮き輪レースでぶっちぎり優勝
- 運動会でおどった「といちんさ」
- 先生の怒りがばくはつ「永廣大魔王」
- ○○ちゃん仲間はずし事件
- スキャット体操でもりあがった音楽会
- 本番はビリだったけど、みんなでがんばったから大満足の長縄大会

> 「創作劇で一年をふり返ろう」
> 〔提案者〕先生
>
> (1) 3年1組の様子と提案理由
> 3年1組は「3の1に虹をかけよう」を合言葉に、いろんな目標を立て、21個の目標をクリアし、7色の虹を3つかけてきました。そのようすや、学級のいろんな思い出を再現する創作劇をすることで、自分たちの成長を確かめ、最後のすばらしい思い出にしたいです。
>
> (2) なかみ
> ＊脚本は、みんなにいろんな材料をだしてもらったあと、それをもとに希望者と先生で書く。
> ＊配役や役割分担はみんなの希望を元に決める。
> ＊お客さんは、みんなのおうちの人や招待したい先生や地域の方。会場は教室。
>
> (3) 役割分担
> ①脚本　②衣装　③音声　④大道具　⑤小道具
>
> (4) 取り組み日程　〜略〜

- すごいぞ3の1の宝をいっぱい集めたぞ
- もうすぐお別れ……などなど

学級状況によっては、先生がどんどん書いた方が早いかもしれません。

【2】練習・準備

　本読み、立ち稽古と、セオリーどおり練習を進めていくのと並行して、衣装や小道具、大道具、音声などの準備も進めていきます。映画の現場で使う「かちんこ」などもつくって、「○○の場面ハイ！　カチン」とやったりするとムード満点。

小さなエピソード

　学校から徒歩で行ける範囲に老人介護施設があれば、訪問を申し込んでも面白いです。元気な子どもたちの姿を見ることは、それだけで年配の方たちには何よりの長生きの薬だそうです。歌あり踊りあり演奏ありギャグありなので、すごく喜んでくれます。懐メロを何曲か仕込んでいけば完璧です。公

演が終わり、おじいちゃんおばあちゃんたちとお茶とお菓子をいただいたあと、職員の方にこんな声をかけていただきました。

「永廣一座の興行みたいでした。また来年も来てください」

「いえ、クラス替えがあるので、来年はこのメンバーはもう解散しています」

「じゃあ、次のクラスでまた来てください」

こんな声をかけられ、涙を流して喜ぶお年寄りの姿を見たりすると、子どもたちも自分たちの集団の力を再認識でき誇りが持てます。

次ページに子どもたちが演じた脚本の一部をご紹介します。

（永廣　正治）

〔脚本①〕授業参観

ママ１「ねえねえ、○○さん。今度の先生、なんかぼーっとした感じだけど、だいじょうぶかしら？」
ママ２「そうよねえ、でも見かけよりはけっこうおもしろいって、うちのおねえちゃん、言ってたわよ」
永廣「こんにちは、わたしが永廣です。足がなが〜くて、心がひろ〜い（アクション入り）……永廣です。さあ、みんなで言ってみよう」
全員（ずっこける）
永廣「あれー、みんなでやるのはダメ？」
子ども「（しかたなさそうに）いいよ。やったげるよ」
永廣「ありがとう。では、言ってみよう」
全員「足がなが〜くて、心がひろ〜い、ながひろせんせい」
永廣「では、３の１の学級歌『スタートライン』を聴いてもらいましょう」（スタートライン１・３番を歌う）
ママ１「なんだか、楽しい先生でよかったわ」
ママ２「足はぜんぜん長くないけど、心はけっこう広そう」
ママ１、２「（手を口に当てて）ほー、ほ、ほ、ほ、ほ」

〔脚本②〕ドル平の練習

永廣「さ〜、今日もドル平の練習がんばるぞ〜。まずは呼吸の練習」
全員（全員、呼吸の姿勢）
子ども「１・２・３・パッ、２・２・３パッ、３・２・３パッ」
子ども「ぷあ〜〜〜先生〜〜。く、苦しいです。10回しかもちません」
永廣「それはね。息の吐き方がたらんのじゃ。パアッ！と強く吐く！わかった？ さあ、もう一度！」
全員「１・２・３・パッ、２・２・３パッ、３・２・３パッ」
子ども「ぷあ〜〜〜先生。もうやめて、早くみんなで洗濯機したいです」
永廣「ばかもん。甘えるんじゃない。まだまだ修行が足らん。では、あと30回じゃあ！」
全員「ヒエ〜〜〜〜（全員ずっこける）」

Ⅲ　涙と笑いの三学期

22　６年生とのお別れ会　きみこそヒーローだ

　私が住んでいる九州では１年生を迎える４月の歓迎遠足と、６年生を送る送別遠足の２つがあります。目的地までは１時間ほどで着いてしまうので、遠足に出発する前に体育館に全校生が集まって６年生のためにお別れ会を開く学校が多いのです。中には、別に時間をとって「６年生を送る会」が成立している学校もあるかもしれません。ここでは、６年生をヒーローにする、楽しい出し物を紹介します。

【１】子どもへの働きかけ

　取り組みの中心になる集団は、いろいろ考えられます。児童会の役員だったり、６年生を送る会の実行委員会だったり、５年生だったり、あるいは担当の教師の学級だったり。まずは、その取り組み主体の子ども集団に「卒業する６年生を学校のヒーローにする会にしていこうね」と働きかけ、「６年生の担任の先生たちへのお願い」（90頁参照）を作らせます。

【２】教師集団への働きかけ

　６年生の教師集団にも、同時に根回しをします。
　「先生方で選ばれてもいいですが、できたら子どもの中に人選委員会をつくったり学級会を開いたりして、名人を選んでいただけませんか。その方が自分たちが選んだということで本番の応援などが盛り上がりますので。それから、この子に光を当てたいという目的で、あまり上手でなくても先生が相手になって負けてあげる、ということでもいいですので」

【３】当日までの準備

　選ばれた子を集めて、説明会を開きます。本番までに十分練習して準備し

ておくように言っておきます。実行委員会には、当日の司会の練習をさせておきます。

【4】いざ対戦

　６年生に勝たせるのが目的ですから、競りつつも必ず６年生が勝つような相手の人選が大事です。ですから、相手として一番向いているのは教師です。名人の６年生に対戦相手の教師を選ばせてもいいかもしれません。

　当日、子どもたちは当然のように６年生を応援し、体育館は騒然となります。サッカーの腕に覚えのある先生も、現役の６年生のリフティングには本気で向かっても勝てません。どんなに縄跳びの上手な先生でも、３重あや跳びなどというはなれ技をすいすいとやってのける子には歯が立ちません。

　６年生が勝った瞬間、子どもたちは大歓声。先生たちもきっと役者ぶりを発揮して、見事な負けっぷりを演じてくれます。先生とヒーローががっちり握手する瞬間は、感動ものです。

【5】対戦しなくても盛り上がります

　勝敗を決める形でなくても十分盛り上がります。たとえば

6年生の担任の先生たちへのお願い

6年生を送る会実行委員

今度のお別れ遠足の前の「6年生を送る会」でこんな出し物を考えています。

「君こそ○○小学校のヒーローだ」

◆各クラスでこんな名人を選んでください。サッカーのリフティング名人／バスケットのシュート名人／なわとび名人／計算名人／逆立ち名人／高い声名人／早口言葉名人／体の柔らかい人などなど。

他にもこれは上手とかすごいという人がいたら選んでください。この人たちと、5年生以下の自信のある人や、先生たちと対決してもらいます。先生たちと対決してもらうヒーローになってもらいます。絶対負けないという人を選んでください。

ヒーロー認定証

○○○○殿

あなたは、6年生を送る会において、○○○○○で、さすが6年生！と言えるすばらしい力を見せてくれました。よって、ここに、下級生の目標になる○○小学校のヒーローであることを認定します。

○○小学校校長　山田太郎

- リフティングしているボールを名人2人がキャッチボールのようにやり取りしてリフティングを続ける。
- 長縄の名人集団に超絶技を見せてもらう。
- バイオリンの超絶技巧曲を弾いてもらう。

【6】集団対集団でも

5年生との綱引きも盛り上がります。きょうだい学級同士の対戦を組んだりします。同人数だと必ず6年生が勝ちます。

（永廣　正治）

Ⅲ 涙と笑いの三学期

23 6年生、涙の親子交歓会

> 自分だけで育ったような顔をしている子どもたちも、おうちの方のおかげでここまで成長できたということをちゃんと知っています。卒業前にそれを伝える集会を親子で催し、感動的な時間を学年全体で共有しましょう。

こんなイベントです

　反抗期に差しかかった子どもたちは、親に対する気持ちを素直に表現できずにいます。卒業という節目を前にしたこの時期だからこそ、その感謝の気持ちを伝えることができるのです。そんな親子レクリエーションを企画しましょう。

　ゲームや歌を一緒に楽しむ中で、子どもたちがおうちの方たちへの感謝の気持ちを伝え、おうちの方たちもわが子を大切に思う気持ちを表す、それはこれから先、ずうっと共通の思い出として生きてくることでしょう。

　また、おうちの方たちに事前に協力をお願いし、たくさんの人の手で温かい集会にしましょう。

取り組んでみよう

　まずは、教師自身が家族とのかかわりで成長したと思ったエピソードを語ります。それを聞く中で、子どもたちにも自分と家族とのかかわりについて思い起こさせます。どんなエピソードがあったのかを、簡単に用紙に書かせます。自分が家族にとって大切な存在なのだということを感じ取らせます。

　親子交歓会の実行委員を募り、企画を一緒に考えます。できれば、学年全体のイベントにしたいので、各クラスから男女2名で実行委員会を組織します。実行委員会で仕事を分担し、ゲームも親子混合で楽しく盛り上がるもの

親子交歓会をしよう

〈1〉ねらい
　・おうちの人への感謝の気持ちを伝えよう。
　・みんなで楽しい時間を過して、思い出を共有しよう。
〈2〉期日・場所──3月5日5時間目・教室
〈3〉プログラム
　①はじめの言葉
　②みんなの歌
　③ゲーム
　④おうちの方へのメッセージ
　⑤おうちの方の代表のお話（歌のプレゼントもいい。おすすめは
　　「翼をください」「Tomorrow」「涙をこえて」など）
　⑥先生のお話
　⑦終わりの言葉
〈4〉すること
　・おうちの方へのメッセージカード作り
　・歌の練習

を準備します。
　子どもたちには、おうちの方へのメッセージを用意させますが、家庭科で製作したプレゼントを添えてもいいでしょう。家庭科の時間にプレゼントを製作する子どもたちの表情は穏やかで、すてきな会になりそうな予感がしました。
　おうちの方たちの協力は欠かせませんが、打ち合わせは前もってきちんと行いましょう。学級ＰＴＡの予算が余っていたら、飲み物やお菓子を準備していただくと場がいっそう和みます。そんな打ち合わせのためにも、初回の打ち合わせは見通しを持って行いましょう。
　プログラムの中の「おうちの方の代表のお話」は、子どもたちへの気持ち、願いをお話していただくものです。お話を簡単にしていただいた後、おうちの方全員による合唱のプレゼントがあっても感動的です。選曲もお任せする

> ### 家族とのエピソード
>
> - ドア指事件（4歳頃）——車のドアに指を挟んで父が病院に連れて行ってくれた。
> - 読み聞かせ——2年生の頃まで毎晩、寝る前に母が読み聞かせをしてくれた。
> - 兄のやさしさ——友達にいじめられて泣いていたら、いつもけんかばかりしていた兄が優しい言葉をかけてくれた。

> ### 実行委員の仕事
>
> - 司会＝司会原稿を作成し、練習する。
> - ゲーム＝親子混合でできるもの、大人だけのゲーム、子どもだけのゲームなど、いろいろ準備しておく。
> - 歌＝気持ちが伝えられる歌などの歌詞カードや伴奏CDを用意する。
> - メッセージ＝1人ひとりが書くメッセージの用紙を準備する。

と、伴奏も分担したり、数人ずつ集まって練習したりして、仲良しになるようです。

小さなエピソード

「近頃、反抗的で困っています」とおっしゃるのは、鉄夫くんのお母さんです。お仕事で忙しい鉄夫くんのお母さんは、わが子にゆっくりと接する時間が持てずに悩んでいるようです。でも、鉄夫くんは4年生の時に、インフルエンザにかかった際にお母さんが寝ないで看病してくれたことをちゃんと覚えていて、お世話になったエピソードとして書いていました。日頃の感謝の気持ちもちゃんと持っていますが、それを素直に伝えられないとも書いています。

鉄夫くんは実行委員になってくれました。学年全体の実行委員会で一生懸命にプログラムを考えて、司会に立候補しました。家庭科の時間にはお母さんにプレゼントしようとエプロンを縫っていました。その様子をお母さんに伝えるとお母さんはがぜん張り切って、仕事を調整し、親子交歓会に参加してくださいました。

　保護者たちの出し物のため、鉄夫くんのお母さんも歌の練習に何度も参加してくださっていました。当日は心を込めて歌うお母さんの姿に鉄夫くんはやわらかい表情で見入っていました。このイベントは、お母さんにとっても鉄夫くん自身にとっても思い出深いものになったようです。

（米沢　久美子）

Ⅲ　涙と笑いの三学期

24　全校ミュージカル「友だちだから」

　小規模の学校、各学年１クラスの場合、クラス替えもなく６年間過ごしていきます。その中で集団づくりをするには、全校で取り組む行事や、タテ割りの組織が大切な活動となります。私は子どもたちと教職員で協力して、全校で取り組むオリジナルのミュージカルや創作劇をつくってきました。全校が一つになるすばらしさ、６年生が全校を引っ張っていくすばらしさを味わわせていきましょう。

全校児童100人の力をひとつに！

　ミュージカルは全２幕。途中、10分間の休憩をはさんで２時間近くに及んだ舞台もいよいよフィナーレの時を迎えました。

　会場から湧き起こる手拍子と８ビートのギターの切れのいいストロークにのせ、元気な３年生の子どもたちがステージに整列します。昨日、決まったダンスを数秒みんなで踊り、ポーズをとった後、「ありがとうございました！」とご挨拶。続いて、悪者「ジメルンジャー」の子分たちを演じた４年生がステージ袖から飛び出してきました。ジメルンジャーの決めポーズをして「ありがとうございました！」。次は５年生です。地域の老人ホームに交流に行く場面を演じた５年生は、おじいさんおばあさんの腰の曲がった格好を演技しながら舞台に登場、揃って「ありがとうございました！」

　ステージ上で次々繰り広げられる子どもたちの挨拶に会場からの手拍子と歓声はいちだんと大きくなります。"えのきの精"を演じた１年生、なかよし案内人を演じた２年生が、保護者の協力で作ったきらきらしたグリーンの衣装で並ぶと、会場からの拍手は最高潮に達しました。そして最後は、このミュージカルを全校の先頭に立って引っ張ってきた６年生たちの登場です！

　会場の手拍子と、ステージ上の子どもたちの手拍子がひとつになります。

▲ミュージカルのラストシーン、全員でテーマ曲「友だちだから」を合唱。

ギターの弦が切れるほどのストロークでフォルティシモがきて、6年生の志保の合図が入ると、全校児童がリフレインから歌いだします。早紀率いる振り付け隊が考え、全校に教えに行ったあの踊りをみんなが踊っています。会場では一部の保護者たちも踊り出しています。

♪今から　僕らはゆくのさ、
　友情の船に乗り、
　さあ（足をならす）　さあ（手をたたく）
　こぎだそう、旅をはじめよう
　………………………………

声を出しすぎてかすれ声の子もいます。みんなで手を振り、曲が終了しても会場の拍手はなかなかやみません。児童会長で、実行委員長の祐子がマイクを握ります。

「みなさん、今日は私たちのオリジナルミュージカル『友だちだから』にご来場くださり、誠にありがとうございました。今年のミュージカルのテーマは"友情"でした。みんなで話し合い、テーマを決め、みんながなかよしの学校を作ろうと6年生が中心となり、何度も何度も話し合い、何度も何度

も練習し、1年間取り組んできました。皆さんに友情のすばらしさが伝わったでしょうか。（中略）ご支援いただいた地域の皆さん、保護者の皆さんに深くお礼申し上げます。ありがとうございました！」

4年前、当時の6年生たちが市内の子ども文化会館の夢キップ事業の広告を見つけてきて、学校全部でミュージカルをやりたいと言い出しました。

子どもたちの願いを受け止め、教師と保護者が協力し合って校区にある町の公民館での全校児童によるミュージカルが始まりました。市の補助もあり、はじめは1回だけで終わるはずでしたが、地域や保護者から「感動した。ぜひ続けてほしい」という声が上がり、子どもたちも「もう一度やりたい」ということで、学校独自で取り組んでいくことになりました。

今年はその4回目、総合の時間を使って、1年間かけてつくり上げていきます。熊本市の南西部に位置する農村部の全校生約100名の小さな学校の取り組みです。

全校への提案は寸劇で

6年生担任だった私は、今年1年の自分の目標「どんな自分になりたいか」と、学校のリーダーとして学校の目標「どんな学校にしたいか」を書かせます。2カ月近くかけ、子どもたちといろんなやりとりをしながら意見を集約し、「みんながなかよしの学校をつくろう」という目標を決定しました。

そしてその実現のために、全校児童みんなが一つの目標に向かって取り組むことで本当の友だちになっていこうという構想を作ります。子どもたちと話していて、今年もミュージカルをやりたいという意見が多いことを受け、全校でのオリジナルミュージカルを提案することを決めました。

しかし、6年全員が音楽が得意というわけではありません。嫌いな子もいます。演劇やコンサート、ミュージカルのビデオや鑑賞を通して、舞台表現の楽しさを伝え、みんなをやる気にさせます。何度も何度も話し合い、6年全員の一致でミュージカルの実施を全校児童総会で提案することを決定しました。しかし、ただ話してもその楽しさは伝わりません。寸劇で提案するとおもしろいです。そのシナリオ原案は実行委員会が作ります。

児童会長で実行委員長の祐子が周到な計画を立て、6月の児童総会で提案

に臨みます。その寸劇とは——教室にチャイムが鳴り、牧野先生が入ってくる。いつものようにギャグをとばし、あきれるみんな。総合の授業で6年生が「みんながなかよしの学校を作ろう」というめあてをたてた時の様子。そのために全校でミュージカルをしようという意見が出る学級総会の様子を劇で再現。前年のミュージカルの最後で歌った曲を歌い踊る。ポーズを決め、「今年もみんなで取り組んでいきませんか」と提起しました。

しかし賛成意見ばかりではありません。討議の末、最後に実施を決定。それから3月までミュージカルに向かって学校は進み出すことになります。

テーマ作りとシナリオ作り

「なかよしの学校にしたい」という目標から、ミュージカルのテーマは「友情」になりました。地域みんなのものにするため、地域へのアンケート、ストーリーのもとを作っていきます。ここまでが1学期の取り組みです。

子どもたちへ宿題に課したあらすじには、おもしろいものがいっぱいでした。実行委員会で途中まで作って、これでいいかみんなで話し合います。その続きを、再びみんなで考えてくる。それを実行委員会で検討し、さらに先まで作り、また提案。その繰り返しで少しずつ完成していきました。

なかよしを推進する子と、いじめを推進する子との対立をつくった方がおもしろいなど意見が続きます。いじめっ子のネーミングは「イジメル」をもじって「ジメルンジャー」に決まりました。シナリオが完成したのは11月です。

物語は——〇〇小学校の仲良し5人組は転校生のうわさがもとでけんかになり、困り果ててしまいます。その頃、ジメルンジャーたちはいろんなところで友情をぶちこわしていました。彼らの野望は「この世の人間どもの友情をすべて破壊してしまうこと」です。

そして、その悪の手は〇〇小の子どもたちのところまで近づいていました。6年生の教室に不思議な花束を持った男の子が転入してきた朝、6年のみんなは床に倒れ込んでしまいます。そこに"えのきの精"という不思議な人たちがやってきて、魔法でみんなを起こしてくれたのですが、倒れる前はみんな仲良しだったのに、起きたとたん、なぜかすごく仲が悪くなってしまいま

した。さあ大変です！

各学年で配役を決める

シナリオが出来上がると、各学年がどの配役をやりたいか、話し合って希望を出し合います。希望が重なってすぐには決まりません。次回の代表委員会までに実行委員会を開き、各学年に説得に行きます。そして決まったのは、
- 1年生＝"えのきの精"の子どもたち
- 2年生＝友情案内人の子どもたち
- 3年生＝○○小学校の元気な子どもたち
- 4年生＝ジメルンジャー
- 5年生＝お年寄りと交流し、みんなと友情の輪を広げている子どもたち。
- 6年生＝教室の仲良し5人組のほか、ジメルンジャーの隊長、"えのきの精"、友情案内人など、下級学年のリーダー役。

12月、6年だけで練習が始まると、毎日毎日シナリオが変更されます。「これはおかしい」「ここはこうあるべきだ」「ここがつながらない」等々たくさん意見が出されます。みんなはシナリオにどんどん書き込みをして、最後は原形をとどめないほど変わる（というか）成長するのです。シナリオは職員にも配り、全体練習の中でまた変わっていきます。

練習を指導するのは6年生

年が明けて1月。決定版のシナリオが出来上がると、6年生が全ての場面を全校児童の前でやって見せます。その後、6年生が手分けして各学年に指導に行きます。練習が始まると、寸暇を惜しんで、子どもたちは練習に取り組みます。6年生が各学年に指導に行くところがおもしろいです。

「3年の○○くんがなかなかいうこときかねえ」

「4年の△△くんもなかなか声出さないよ」

「こんな練習させたけど、やってみたら」

6年生が3年生全員を体育館のステージに立たせ、指導しています。6年生は体育館の一番後方で、

「聞こえないよ。ここまで伝えないといけないよ。もう一度！」

と台詞を何度も言わせています。私が指導する時とそっくりです。
　「気持ちが入ってないです。遠くに声を飛ばしましょう」
　これまた私にそっくり！　全体練習が始まった頃は、不思議と異学年で遊ぶ子が増えました。6年生と2年3年が一緒に遊んでいたり、練習の関わりが休み時間も続くのです。外遊びももちろん増えます。児童会が「全校みんなで遊ぼう」と提案したこともありました。この取り組みが文字通り「友情」を広げていっていると思いました。
　劇の中で子どもたちが歌う曲はすべてオリジナル曲です。テーマ曲をはじめ、多くの曲の作詞を6年生がするくらいでもいいと思います。私の場合は作曲が趣味で、以前から書きためていた曲など多数ありました。シナリオを

他の職員に分担してもらったこともありました。しかし、シナリオ作りを子どもたちと進めながら、そのイメージで曲作りに取りかかった方が同時進行でよかったです。6年の子に歌わせ、お手本CDを作り、各クラスに配り、クラスでも歌ってもらいますが、6年生がラジカセを持って指導に行くこともありました。それも発声練習からやるのです。いつも私がやることを、そのまま子どもたちは下級生にやっていました。

地域への宣伝隊も子どもたちで

3月。練習が調子に乗ってくると、自分の出番以外のところでは、大道具小道具を動かしたり、衣装を持って行ったりと、裏方の仕事があることに気づきます。私が見えないところで子どもたちはどんどん分担して作業を進めていきました。緞帳の上げ下ろし、照明、音楽のスタート。あいている子はだれか、探して分担することもできていました。

総合の時間にパソコンで作ったポスターやチラシを持って地域のいろんな団体に手分けして宣伝に行きます。自転車に乗り、隣の小学校に、中学校に、幼稚園に。「きちんと校長先生に挨拶するんだよ」と指導しておきます。ほかの学校や団体に行くのも子どもたちは大好きです。自分たちが主役であり、自分たちが宣伝隊であり、自分たちが脚本家であり、作詞家なのです。

会場は町の公民館。先生方がトラックを出し、楽器や機材、衣装や大道具を運んでくれます。職員にもその人の得意分野で仕事を頼みます。衣装作り、写真、音響、照明、会場整理、看板、交流会……。工夫次第で職員全員それぞれの得意なところで力を発揮してくれました。

感動のフィナーレ

当日は朝からリハーサル。午後からが本番です。お弁当の後は6年生が自ら集まって円になり、「がんばるぞーォ！」と声をあげていました。

受付担当はお母さんたち。保護者だけでなく、地域の人たち、保育園生、杖をついたお年寄りも、会場はもういっぱいです。

いよいよ本番。2時間の公演でナレーターをつとめるのは智宏とあきみ。ずっと不登校だった智宏が「ナレーターならやる」と言い出し、学校に来れ

▶「おれたちジメルンジャー」を歌うシーン。黒いマントを着た隊長役の信二と4年生たち。

◀ジメルンジャーたちの野望で友情を壊された6年生たちを、友情案内人に扮した2年生たちが「友情を深める旅」に案内する。

▶効果音や伴奏を準備する子どもたちと筆者（手前）。筆者・牧野は伴奏（ピアノ、ギター）を担当。効果音は前もってすべてCDに入れてあり、係の子どもたちがスタートさせる。

るようになりました。

「おお、あの子もがんばっとるなあ」。みんなの視線が集中します。のびやかに堂々とソロを歌う６年の祐子。みんなが集中しています。舞台の下では、低学年の子が心配だと、そっと指導に行く６年生。練習の時、たいていの失敗は経験しているので、地域のボランティアの方の照明の当て方が遅くても、子どもたちはアドリブで演技を延長しています。

そして感動のフィナーレです。300名の観客の割れるような拍手で公民館全体が揺れます。２時間は夢のように過ぎていました。

終了後、６年保護者が公民館の和室で、６年の子ども、親、職員いっしょの茶話会を開いてくれました。当日のビデオや写真も、プロ並みにすごい保護者が本格的に作成します。またライブＣＤも作成し、全家庭に配ります。

小さなエピソード

ずっと不登校だった智宏がこの取り組みの中で居場所を見つけ、みんなの支えの中で、取り組みに没頭していきました。クラス一乱暴者の信二も、ジメルンジャーの隊長役を希望し、下級生の指導に行く中で成長していきました。そして、なぜかこの２人が結びつき、地域の文化行事である太鼓の練習に一緒に参加し、発表会では堂々と演奏していました。

智宏が欠席すると信二がプリントを届けに行ってくれ、ついでに家にあがって遊んだり、家族も含めた交流に発展していきました。

ソロを歌った祐子は中学でも生徒会で活躍し、卒業後は高校の芸術コースに進学し、本格的に学んでいます。子どもは、責任を持たせ、まかせると、すごい力を発揮するということがよくわかりました。

３月の卒業式。本校では２部形式で行っており、第２部は子どもたちが司会をします。そこでは、呼びかけと一人ひと言スピーチをするのですが、ひと言スピーチのほとんどがミュージカルの思い出でした。

そして最後、児童、保護者、職員全員でちからいっぱい歌ったのは、６年生全員で作詞した、あのミュージカルのテーマ曲「友だちだから」でした。

（牧野　幸）

猪野善弘（いの・よしひろ）
1958年、大分県に生まれる。1981年4月より小学校の教師となる。教師生活の半分以上を特別支援学級担任として実践をさぐる。子どもとギターで歌うのが好き。全国生活指導研究協議会全国委員。

永廣正治（ながひろ・しょうじ）
1955年生まれ。熊本市出身。熊本市の公立小学校教諭。学校で吹奏楽の指導をするかたわら、アマチュアオーケストラやジャズバンドでトランペットを吹くのが趣味。熊本県生活指導研究会代表。

奈良重喜（なら・しげき）
1955年生まれ。大分県出身。映画の助監督から教師に。廃材、流木など身近にあるものを使っての工作が得意。絵師として米倉斉加年、人形作家として辻村寿三郎の大ファン。趣味は創作人形作り。

牧野 幸（まきの・みゆき）
1963年生まれ。熊本市出身。趣味は作曲（代表作／奥古閑小学校音頭、ごんどう大太鼓）。自慢はギターの腕とその所有数。熊本県生活指導研究会事務局長。全国生活指導研究協議会全国委員。

溝部清彦（みぞべ・きよひこ）
1958年、大分に生まれる。新採用は由布院小学校で、俳優西田敏行さんのお兄さんと出会い、楽しい学級づくりの方法を学ぶ。好きな言葉は夢。著書に『子どもをハッとさせる教師の言葉』他。

米沢久美子（よねざわ・くみこ）
1957年、福岡に生まれる。小さい頃の夢は空を飛ぶこと。宇宙にも行きたかったが、なぜか小学校の先生に。著書に『すぐ使える学級担任ハンドブック小学校6年生』（たんぽぽ出版）他。

これで成功！ 魔法の学級イベント

●2008年8月1日────────第1刷発行

著　者／猪野善弘、永廣正治、奈良重喜
　　　　牧野　幸、溝部清彦、米沢久美子
発行所／株式会社 **高文研**
　　　　東京都千代田区猿楽町2-1-8 〒101-0064
　　　　TEL 03-3295-3415　振替00160-6-18956
　　　　http://www.koubunken.co.jp
　　　　組版／株式会社 Ｗｅｂ Ｄ
　　　　印刷・製本／精文堂印刷株式会社

★乱丁・落丁本は送料当社負担でお取り替えします。

ISBN978-4-87498-407-9　C0037